わかるをつくる

中学

国語問題集

GAKKEN PERFECT COURSE JAPANESE

JN021342

Gakken

PERFECT COURSE

はじめに

問題集の基本的な役割とは何か。こう尋ねたとき、多くの人がテスト対策や入試対策を一番に思い浮かべるのではないでしょうか。また、問題を解くための知識を身につけるという意味では、「知識の確認と定着」や「弱点の発見と補強」という役割もあり、どれも問題集の重要な役割です。

しかしこの問題集の役割は、それだけにとどまりません。知識を蓄積するだけではなく、その知識を運用して考える力をつけることも、大きな役割と考えています。この観点から、「知識を組み合わせて考える問題」や「思考力・表現力を必要とする問題」を多く収録しています。この種の問題は、最初から簡単には解けないかもしれません。しかし、じっくり問題と向き合って、自分で考え、自分の力で解けたときの高揚感や達成感は、自信を生み、次の問題にチャレンジする意欲を生みます。みなさんが、この問題集の問題と向き合い、解くときの喜びや達成感をもつことができれば、これ以上嬉しいことはありません。

知識を運用して問題を解決していく力は、大人になってさまざまな問題に直面したときに、それらを解決していく力に通じます。これは、みなさんが将来、主体的に自分の人生を生きるために必要な力だといえるでしょう。『パーフェクトコース わかるをつくる』シリーズは、このような、将来にわたって役立つ教科の本質的な力をつけてもらうことを心がけて制作しました。

この問題集は、『パーフェクトコース わかるをつくる』参考書に対応した構成になっています。参考書を活用しながら、この問題集で知識を定着し、運用する力を練成していくことで、ほんとうの「わかる」をつくる経験ができるはずです。みなさんが『パーフェクトコース わかるをつくる』シリーズを活用し、将来にわたって役立つ力をつけられることを祈っています。

学研プラス

PERFECT COURSE

学研パーフェクトコース わかるをつくる 中学国語問題集

この問題集の特長と使い方

特長

本書は、参考書『パーフェクトコース わかるをつくる 中学国語』に対応した問題集です。参考書とセットで使うと、より効率的な学習が可能です。

また、3ステップ構成で、基礎の確認から実戦的な問題演習まで、段階を追って学習を進められます。

構成と使い方

STEP 01 要点まとめ

その章で学習する基本的な内容を、穴埋め形式で確認できるページです。重要語句を書き込んで、基本事項を確認しましょう。問題にとりかかる前のウォーミングアップとして、最初に取り組むことをおすすめします。

EXAMINATION 入試予想問題

高校入試を想定した問題を掲載しています。実際の入試をイメージしながら、取り組んでみましょう。

※**入試問題について…**●編集上の都合により、解答形式を変更したり、問題の一部を変更・省略したりしたところがあります。（「改」または「一部省略」と表記）。●問題指示文、表記、記号などは、問題集全体の統一のため、変更したところがあります。●問題の出典の「H30」などの表記は、出題年度を示しています。（例：H30➡平成30年度に実施された入試で出題された問題）

STEP 02 基本問題

その章の内容の理解度を、問題を解きながらチェックするページです。上段に問題を解くヒントや、ミスしやすい内容についての注意点を記載しています。行き詰まったときは、ここを読んでから再度チャレンジしましょう。

STEP 03 実戦問題

入試レベルの問題で、ワンランク上の実力をつけるページです。グラフを読み解いて記述する、話し合いを読んで問いに答えるなど、新傾向の問題も掲載しているので、幅広い学力が身につきます。

アイコンについて

よく出る

よく出る 定期テストや入試でよく出る問題です。

難問

難問 やや難易度が高い問題です。

超難問

超難問 特に難易度が高い問題です。

新傾向

新傾向 近年出題が増えている、グラフを読み解いて記述する問題や話し合いを読んで答える問題など、知識を組み合わせて答える問題です。

別冊 解答・解説

解答は別冊になっています。詳しい解説がついていますので、間違えた問題や理解が不十分だと感じた問題は、よく読んで確実に解けるようにしておきましょう。

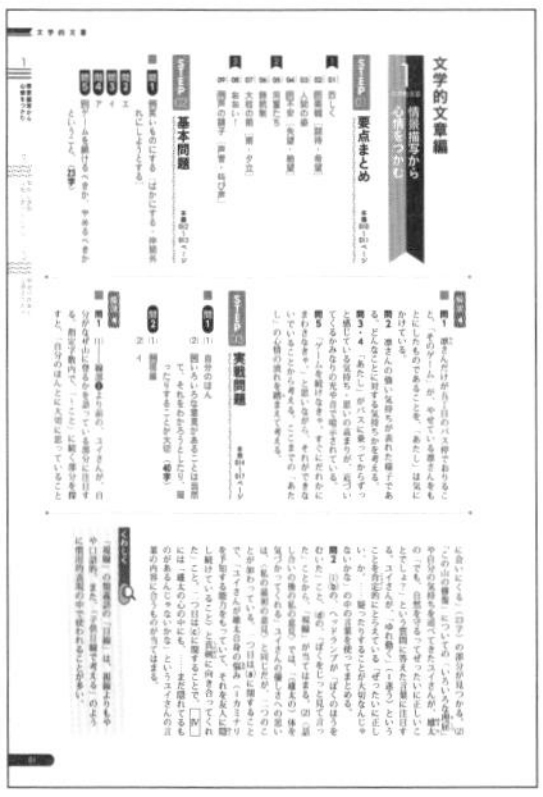

PERFECT COURSE

学研パーフェクトコース
わかるをつくる 中学国語問題集

目次

漢字・語句編

文法編

古典編

文学的文章編

情景描写《びょうしゃ》から心情をつかむ

STEP 01 要点まとめ

（　）に当てはまる言葉を書いて、内容を確認しよう。

➡解答は別冊01ページ

POINT 1

情景描写《びょうしゃ》から、心情をつかむ。

雨が降り始めて、本降りになっていくわずかな間に、洪作の心情は、雨や浜の様子の変化とともに変わっていく。情景描写と洪作の心情の変化の対応を表にまとめると、次のようになる。

次の文章を読んで、下のポイントを確かめよう。

〔旧制中学三年生の洪作《こうさく》は、海での水泳の練習に通い始めたが、彼《かれ》が泳ぎに自信がないことを知った五年生の岡《おか》に、無理やり飛込台《とびこみだい》（沖に立てた櫓《やぐら》）から突《つ》き落とされた。洪作は必死で飛込台の裾《すそ》の横木まで泳ぎ着き、浜《はま》に向かう岡の手から逃《に》げたが、一人で飛込台の上に残されてしまう。〕

洪作は空を仰《あお》いだ。瞬間《しゅんかん》、また冷たいものを頬《ほお》と額に感じた。空の半分は青く晴れ渡《わた》っていて、陽《ひ》の光を海面に落《お》しているが、頭の上の半分はすっかり黒い夕立雲に覆《おお》われている。

浜の方に眼《め》をやると、水泳場には異変が起きていた。河童《かっぱ》たちの尽《ことごと》くが立ち上がっている。ついさっきまで砂浜に寝《ね》そべったり、砂弄《あそ》びなどしていた連中が、一人残らず立ち上がって動き出している。巣に水でもかけられた蟻《あり》の動きに似ている。無統制なあわただしい動きである。夕立が来るので引き上げようというのであろうか。

雨が落ち始めた。頰にも、額にも、肩《かた》にも、腕《うで》にも、雨滴《うてき》の散弾《さんだん》が見舞《みま》い始めた。大粒《おおつぶ》の雨である。

――おおい！

	気配	降り始め
天候の変化や浜の様子	「冷たいものを頬と額に感じた」 「すっかり黒い夕立雲に覆われている」	「雨が落ち始めた。」 「雨の落ちるのは 01（　　　）なりつつあった。」
洪作の心情	何かが起こりそうな予感	「誰かが救けに来てくれるに違いない」 ＝ 心情…02（　　　）

1 情景描写から心情をつかむ
2 場面の展開と心情の変化をつかむ
3 筆者の体験と主張をつかむ

洪作は叫《さけ》んだ。ありったけの声を口から出したが、それが浜まで届くとは思われなかった。雨に叩《たた》かれて、海面は急に生き生きとした表情を持ち始め、雨の音か波の音か判《わか》らないが、何か騒然《そうぜん》としたものがあたりに立ち込《こ》めようとしている。

——おおい！

洪作は何回も叫んだ。雨の落ちるのは烈《はげ》しくなりつつあった。完全な夕立である。大粒の雨が海面にも、飛込台にも、洪作の体にも落ちている。水泳場の一角から、河童たちは逃《のが》れ出していた。水泳場を仕切っている旗も次々に片付けられて行く。

——おおい！

洪作は、しかし、まだ誰《だれ》かが救《たす》けに来てくれるに違《ちが》いないと思っていた。自分がここに居ることは岡が知っている。岡以外にも何人かの五年生が知っている筈《はず》である。

しかし、見る見るうちに水泳場から人間の姿は見えなくなって行った。最後に四、五人の河童たちが、ひとかたまりになって駈《か》け出して行くと、あとの浜はまるで違ったものになった。もはや水泳場でも何でもなかった。人気《ひとけ》のない無気味な砂浜の端《はし》の方に、ボートが五、六艘《そう》置かれているだけである。

——おおい！

洪作はやたらに叫んでいた。が、そのうちに雨煙《あまけむ》りで、砂浜の方がかすんで来ると、洪作は叫ぶのをやめた。事態は、どうやら、とんでもない方に進んでいるらしい。

（井上靖《いのうえやすし》『夏草冬濤《なつぐさふゆなみ》（上）』〈新潮文庫〉より）

本降り

「見る見るうちに水泳場から（03　　）は見えなくなって行った」
「雨煙りで、砂浜の方がかすんで来る」

「事態は、どうやら、とんでもない方に進んでいるらしい。」＝心情…（04　　）

POINT 2 比喩《ひゆ》表現に注目する。

情景をつかむには、比喩表現を使って描《えが》かれている内容を正しく理解することが必要である。

- 「（05　　）」＝「ついさっきまで砂浜に寝そべったり、砂弄びなどしていた連中（＝泳ぎに来ていた中学生たち）」
- 「巣に水でもかけられた蟻の動き」＝「（06　　）なあわただしい動き」
- 「雨滴の散弾が見舞い始めた」＝「（07　　）」が激しく降り始めた様子。

POINT 3 登場人物の心情を表す表現をつかむ。

洪作の、救けを求める「（08　　）」という叫びは繰《く》り返され、次第に切迫《せっぱく》したものへと（09　　）が変化している。

STEP 02 基本問題

文章を読み解くうえでの注意点をチェックし、問題を解こう。

➡解答は別冊01ページ

次の文章を読んで、下の問いに答えなさい。

a 遠くの空で稲妻《いなずま》が光っていた。

塾《じゅく》の帰り、ぽつぽつと小雨が降りはじめた。あたしたちはかばんを頭の上にかざしてバス停まで走っていった。

塾からは市内をまわる循環《じゅんかん》バスで帰る。家までは歩ける距離《きょり》なのだけれど、帰りだけはみんなと同じバスを使っていた。あたしのほかに五人の女子が同じバスにのる。あたしがおりるのは家に近い五丁目のバス停ではなく、ひとつ先、きぃちゃんと千夏《ちなつ》の家に近い六丁目のバス停だ。六丁目のバス停前には大型スーパーがあって、そこであたしたちは雑誌を立ち読みしたり、ジュースをのんだりする。

＊凛《りん》さんだけがひとつ手前、五丁目のバス停でひとりでおりる。

雨が降りはじめたバスの中は混雑していた。

大きくバスがゆれると、千夏が凛さんのほうへだれかを押《お》す。押された人は足をふんばる……拒食症《きょしょくしょう》ごっこ。凛さん自身も❶そのゲームに参加しておもしろがっているようだ。

やせていることを自分のウリにするのもひとつの手。ときにはそれでわらいもとれる。それくらいはいくらマイペースな子でも学習する。

くわしく

＊凛さん…中学生の「あたし」のクラスメイト。自分の気持ちをはっきり口にするために、クラスの女子としっくりいっていない。やせていることから、「拒食症」だとうわさされている。

注意

「あたし」が家に近い五丁目のバス停ではなく、ひとつ先の六丁目のバス停でおりる意味、凛さんが「ひとりでおりる」ことになる意味を考えよう。

ヒント

「拒食症ごっこ」は、凛さんをもとにして生まれたゲーム。「あたし」はこのゲームに反対できず、加わっている。

注意

凛さんは、そのゲームが自分をもとにしたものだとわかっている。

問1 ――線部❶「そのゲーム」について、「あたし」はどのように感じていると思われるか。次の（　）に当てはまる言葉を考えて書きなさい。

● 凛さんを（　　　　）、苦々しいゲーム。

問2 ――線部❷「倒れないよう両足を広げて。」とあるが、このときの凛さんの気持ちを説明したものとして最も適切なものを、次の**ア**～**エ**から一つ選び、記号で答えなさい。

ア 自分が倒れると、やせているから倒れたのだと乗客たちに思われるので、必死で踏《ふ》みこたえている。

イ 楽しげにしているみんなから心配されないように、自分も余裕《よゆう》があるように振《ふ》る舞《ま》おうとしている。

ウ だれか一人でも倒れるとゲームが続かなくなるので、自分は責められたくないとおびえている。

エ 自分が笑い者になっていると気づいていて本心は悲しいが、それを態度に表すまいとしている。

（　　）

1 情景描写から心情をつかむ
2 場面の展開と心情の変化をつかむ
3 筆者の体験と主張をつかむ

ヒント
凛さんの立つ姿に、「あたし」は彼女《かのじょ》の強さを見る気がしている。

ヒント
遠くで光っていた稲妻が近づき→バスの車内を光らせ→音まで聞こえてきて→バスが閃光につつまれ→「ドーン」という音がした、という流れ。「あたし」の感情が次第に増してきている様子に同調している。

ヒント
凛さんの目を、「あたしを透かしていた」と感じるのは、凛さんに対して思うことがあるからである。

注意
「あたし」が自分で自分に言い訳している部分。

ヒント
二つのことの間で「まよっている」ので、その二つのことを明らかにしてまとめる。

凛さんが細い腕《うで》をのばすと、みんながバリアをつくる。タッチされてもまただれかにタッチしてまわせばセーフ、拒食症の伝染はまぬがれる。

ｂ稲妻が窓ガラスの中をキリキリと走った。

あたしは外をながめた。暗くなったガラスに凛さんのすがたがぼやけてうつっていた。窓の中で彼女《かのじょ》はまっすぐに立っている。❷倒《たお》れないよう両足を広げて。

凛さんならぎりぎりまで倒れないだろうな。それでももちこたえられないときは、立った姿勢のままで倒れちゃうんだ。きっと、前に向かって。（中略）

こちらを見ていた凛さんと窓の中で視線が合った。ほんとうはあたしではなく、ガラスの向こうの何かを見ていただけなのかもしれない。でも、凛さんの目は静かにあたしを透《す》かしていた。❸するとあたしの心がちぢんでいく。ソーダ水みたいにシャワシャワとかすかな音をたてて。

ｃかみなりの音が聞こえる。

もうすぐ家の近く、凛さんがおりる五丁目のバス停。そのつぎがみんながおりる六丁目のバス停。

凛さんは強いから平気でいられる。どうせ子どもっぽいばかげたゲームだとわりきっているんだ。そう考えていたときはしゃいだ声がきこえ、千夏の手が腕にふれた。タッチがあたしにきたのだ。

ゲームを続けなきゃ。すぐにだれかにまわさなきゃ。❹まよっているとｄ車内が一瞬《いっしゅん》、かみなりの閃光《せんこう》につつまれた。

ｅつづいてドーンと音がした。

（安東《あんどう》みきえ「循環バス」『夕暮れのマグノリア』〈講談社〉より・一部略）

問3 〰〰線部ａ～ｅのかみなりの描写《びょうしゃ》で暗示していることは何か。次の（　）に当てはまる言葉として最も適切なものを、あとの**ア**～**エ**から一つ選び、記号で答えなさい。

●「あたし」の（　　　）の高まり。

ア 怒《いか》り　**イ** 緊張《きんちょう》　**ウ** 喜び　**エ** 恐怖《きょうふ》

〔　　〕

問4 ——線部❸「あたしの心がちぢんでいく」とあるが、このとき「あたし」の心の中にあった凛さんへの思いとして最も適切なものを、次の**ア**～**エ**から一つ選び、記号で答えなさい。

ア 後ろめたい思い。　**イ** 反発する思い。
ウ 嫌悪《けんお》する思い。　**エ** 照れくさい思い。

〔　　〕

問5 ——線部❹「まよっている」とあるが、「あたし」は何をまよっているのか。二十五字以内で書きなさい。

STEP 03

実戦問題

学習内容が身についたか、問題を解いてチェックしよう。

↓解答は別冊01ページ

目標時間 30分

■中学生の「雄太《ゆうた》」は、カミナリを予知できる能力を友人には隠《かく》し続けている。ある年の夏休み、叔父《おじ》に連れられて山に登った「雄太」は、山の保全作業をしている大学生たちと出会い、一緒《いっしょ》に作業をするようになった。これに続く次の文章を読んで、あとの問いに答えなさい。 〈大分県・改〉

「*ユイさん、何してるんですか?」

「お、雄太、トイレか? 星を見てるんだよ」

言われて気がついた。ここは山の上。澄《す》んだ空気。あたりに明かりもない。満天の星が広がっているに違《ちが》いない。いつも早々《はやばや》と寝《ね》てしまうから見ることもなかった星空。すぐに空をふりあおいだ。

「あれ? 雲がかかってる。星、見えない」

ぼくはがっかりしてしまった。

「見えなくても、あるんだよ」

ユイさんが軽く笑いながら言う。

「え、ユイさんって詩人なんですか?」

ユイさんがぼくを見た。

「雄太って、おもしろい子だな」

声が笑っていた。

「そんなふうに言われたことがないです」

ぼくは照れた。

「作業も、いっしょうけんめいやる。まじめにな」

穴があったら入りたいとはこのことだ。身の置き場に困った。

「山に入ると、変わるヤツっているからな。*ホクだってさ、ここではべたべたの関西弁だけど、下では*標準語なんだぜ。登りはじめて、森林限界を超《こ》えたあたりでスイッチが入るらしい。関西弁になると、ホクは絶好調なんだ」

「そうなんですか」

「山をおりて、電車に乗るころには標準語にもどる。ホクをからかったら、意識してないって言われて、こっちが驚《おどろ》いた。もともと関西出身で、実家に帰ると関西弁になるっていうから、山は実家みたいなものなのかもしれんな」

「山が家、ですか」

「研究室では、*長老は静かに兄貴風を吹《ふ》かせるし、*リーダーなんて、人の意見を聞きすぎて、どうしたらいいのかしょっちゅうわからなくなってるし……。ここに来ると、みんな多かれ少なかれ変わる」

「ユイさんは?」

「ぼくか? 自分のことはわからん。でも……」

ユイさんが口ごもった。ぼくは次の言葉を待った。

「ぼくは、山にはまともになりにくるんだ」

「まとも?」

「下では理屈《りくつ》やら、しばりが多くてさ、窮屈《きゅうくつ》になる。それを取っぱらって、自分のほんとに大切に思っていることに会いにくる。食べて、歩きに歩いて、体を動かして、寝る。ただそれだけ。でも、それだけで、少しはまともになるかなって思ってさ」

お、言いすぎたかなとつぶやきながらユイさんはまた雲のかかった空をふりあおいだ。

「この山の修復だって、下ではいろいろな理屈が渦《うず》巻いてる。自然なんだからあるがままにそのままにしておけばいいっていう意見もある。そうだよな。人間が手を入れて、守るなんてこと、ある意味おこがましいことかもしれない」

暗くてユイさんの表情が見えなかった。

「山が荒《あ》れてるって思うのは人間だけ。山のほうは荒れてるなんて思ってやしないもんな。

下からいろんな理屈を背負って登ってきてこの景色を見るだろ？　もやもやしながら目の前の景色を見ると、あっけなく感動しちゃう。下の理屈なんて、どっかに吹き飛んじゃう。そして、この景色をだれかに見てほしいと思う素直な気持ちになった自分がいる。ぼくは、その思いに正直に動きたいんだ」

山を守ることがぜったいに正しいと思っていたぼくは少しむっとした。

❶「ゆれ動く詩人のぼくは」

冗談《じょうだん》っぽくユイさんは言う。

「どんな意見もありだけど、その中で、山に登ったときの正直な気持ちにしたがうっていうことも、またありなんだと思ってる。うろうろしてしまうだけで、たいしたことができなくてもな」

納得がいかなくて、ユイさんにたずねた。

「でも、自然を守るってぜったいに正しいことでしょ？」

ユイさんがおやっという空気を発した気がした。

「ぜったいに正しい、か。難しいな。そんなのってあるのかな。ほかの意見が入りこめないっていうのは、とても危ない気がする。相対する意見があって、当たり前だ。その中でもがいてくことで、考え自体が強くなっていくんじゃないかな。わかろうとしたり、疑ったりすることが大切なんじゃないかな」

「そうかもしれないけど」

釈然《しゃくぜん》としない。

ユイさんは雲のかかった空を見あげた。ユイさんとぼくのヘッドランプ*が夜空の雲を照らしだした。

「雄太には今星空が見えないけれど、ぼくには、あそこに天の川がかかっていて、あの辺に北斗《ほくと》七星《しちせい》がある、ってこと、わかるんだ。見えないけれどあるんだよ、ってな」

❷けむに巻かれたのだろうか。なんだか大事な話をしてくれているような気がするけれど、よくわからない。

〈a〉

「カミナリを予知できるってこと、ここでは、命綱《いのちづな》のようにすごくありがたいことだ。でも、下ではどうだったのかな。想像だけど、雄太はそれを隠そうと必死になってなかったかって心配しちまう。雄太、物事って一つの面だけで見ちゃいけないんじゃないかな。隠したくてしかたのないことが、ぼくらにとっては命綱のように大切なことだってこともあっただろ。ぜったいとか、一つのことに決めつけないほうがいいんじゃないかな」

〈b〉

ユイさんのヘッドランプの明かりがぼくのほうをむいた。

〈c〉

「今夜の星空みたいに、今は見えなくても、あるってことはある。雄太《ゆうた》の心の中にも、今は見えなくても、まだ隠《かく》れてるものがあるんじゃないかな」

〈d〉

ユイさんがぼくをじっと見て言った。

くしゃみが一つでた。

「冷えてきたから、そんなかっこうじゃ風邪《かぜ》ひくぞ。早く寝《ね》ろ」

ジャンパーをはおっているユイさんが気づかってくれた。

「うん」

❸ぼくはもう少しユイさんのそばにいたかった。

（にしがきようこ『ぼくたちのP（パラダイス）』〈小学館〉より）

＊ユイ、ホク、長老、リーダー…いずれも山の保全作業をしている男子大学生の呼び名。

＊標準語…ここでは方言に対する共通語のこと。

＊ヘッドランプ…キャンプや登山などで使用する頭に装着するライト。

新傾向

問1　――線部❶について、「ユイさん」の人物像を授業中に話し合った。次は、その時の**【話し合いの一部】**である。これを読んで、あとの(1)、(2)に答えなさい。

【話し合いの一部】

Aさん　「ユイさん」が自分のことを「ゆれ動く詩人」と言うのはなぜでしょうか。

Bさん　山に登っていない時の「ユイさん」は、山を修復することは正しいことだという意見と、山を修復することはおこがましいことだからそのままにしておくべきだという意見の間で「もやもや」しています。それを「ゆれ動く」と言っているのではないでしょうか。

Cさん　そういう「ユイさん」にとって、山に登ることは、［Ⅰ］ことなのだと思います。

Bさん　ただし、「ゆれ動く」というのは決して優柔不断《ゆうじゅうふだん》な性格というわけではないと思います。［Ⅱ］であるという信念のようなものがあるからこそ、「ゆれ動く」のだと思います。

Aさん　なるほど、よくわかりました。ところで「詩人」という言葉を使う意図が、よくわからないのですが……。

Cさん　これは、「雄太」の言葉を引用することで、自分の言葉が押《お》しつけがましくならないように、軽妙《けいみょう》さを持たせたいのではないかと思います。

「見えないけれどあるんだよ」という考え方も「詩人」らしくないですか。

(1)　［Ⅰ］に当てはまる言葉を、――線部❶よりも前の本文中から、二十一字以上、二十五字以内で抜《ぬ》き出し、初めの五字を書きなさい。

(2) [II]に当てはまる言葉を、本文中の言葉を使って、三十一字以上、四十字以内で書きなさい。

新傾向

問2 ——線部❷、❸について、「けむに巻かれたのだろうか」と思った「雄太」が、「もう少しユイさんのそばにいたかった」というような心情に至った理由を授業中に話し合った。下は、その時の**【ノートの一部】**である。これを読んで、次の(1)、(2)に答えなさい。なお、**【ノートの一部】**の中の**〈a〉**～**〈d〉**は、それぞれ本文中の**〈a〉**～**〈d〉**で示した部分と対応している。

(1) **【ノートの一部】**の[III]に当てはまる言葉を、漢字二字で書きなさい。

(2) **【ノートの一部】**の[IV]に当てはまる言葉として最も適切なものを、次の**ア**～**エ**から一つ選び、記号で答えなさい。

ア 自分自身がよくわからないからこそ、真に大切なものを見付けなければならないことに気付かせてくれた

イ 自分自身を一面的に決めつけるのではなく、見えていない可能性も大切であることに気付かせてくれた

ウ 自分自身の悩《なや》みにしっかりと向き合い、体を動かし素直になることの大切さに気付かせてくれた

エ 自分自身を振《ふ》り返らないままでは、よいアドバイスでも素直に受け入れることはできないことに気付かせてくれた

（　　）

【ノートの一部】

雄太の心情 **けむに巻かれた？ よくわからない。**

雄太が「もう少しユイさんのそばにいたかった」というような心情に至った理由は？

○ユイさんの言葉〈**a**〉と〈**c**〉に着目しよう。
・雄太の能力に対するユイさんの考え——〈**a**〉
・星空と雄太の心についてのユイさんの考え——〈**c**〉

○ユイさんの動作〈**b**〉と〈**d**〉に着目しよう。
・ユイさんのヘッドランプの明かりがぼくのほうをむいた。——〈**b**〉
・ユイさんがぼくをじっと見て言った。——〈**d**〉

ユイさんの[III]の方向＝ユイさんの気持ちの方向

→ **雄太の心情** **もう少しユイさんのそばにいたかった。**

〈私の最初の意見〉
雄太は、自分の体を気づかってくれるユイさんの優しさを感じていたかったから、もっと一緒《いっしょ》にいたいと思ったのではないか。

←

〈話し合いの後の私の意見〉
雄太は、自分の体を気づかってくれるユイさんの優しさを感じるとともに、ユイさんが雄太自身の悩みと真剣《しんけん》に向き合ってくれ、また、[IV]ことから、もう少しユイさんと一緒にいろいろなことを話したいと思ったのではないか。

文学的文章

2

場面の展開と心情の変化をつかむ

STEP 01

要点まとめ

（　）に当てはまる言葉を書いて、内容を確認しよう。

↓解答は別冊02ページ

POINT 1 場面の展開と心情変化をつかむ。

場所や時間、登場人物の発言や様子が大きく変わったところに注目し、展開をとらえる。

次の文章を読んで、下のポイントを確かめよう。

都で非道な王ディオニスを討とうとして失敗し、処刑《しょけい》されることになったメロスは、親友セリヌンティウスを人質に置き、王に三日間の猶予《ゆうよ》をもらって村に帰る。妹の結婚式《けっこんしき》を済ませて王城へと走るメロスは、濁流《だくりゅう》を突《とっ》破《ぱ》し、山賊《さんぞく》とも戦うが、草原で力尽《つ》きて倒《たお》れ、動けなくなる。

ああ、このうえ、私に望み給《たも》うな。放っておいてくれ。どうでも、いいのだ。私は負けたのだ。だらしが無い。笑ってくれ。王は私に、ちょっとおくれて来い、と耳打ちした。おくれたら、身代わりを殺して、私を助けてくれると約束した。私は王の卑劣《ひれつ》を憎《にく》んだ。けれども、今になってみると、私は王の言うままになっている。私は、おくれて行くだろう。王は、ひとり合点《がてん》して私を笑い、そうしてことも無く私を放免《ほうめん》するだろう。そうなったら、私は、死ぬよりつらい。私は、永遠に裏切り者だ。地上で最も、不名誉《ふめいよ》の人種だ。セリヌンティウスよ、私も死ぬぞ。君と一緒《いっしょ》に死なせてくれ。君だけは私を信じてくれるにちがい無い。いや、それも私の、ひとりよがりか？　ああ、もういっそ、悪徳者として

メロスの様子	メロスの心の中の言葉
草原に倒れ、絶望する	・「放っておいてくれ。（01　　）のだ。」 ・「人を殺して自分が生きる。それが人間世界の（02　　）ではなかったか。」 ・「どうとも、勝手にするがよい。」

メロスの心情（後ろ向きな気持ち）

疲労のため、自分の（03　　）を（04　　）化しようとする。（05　　）な気持ち。

変化のきっかけ

・「潺々、水の流れる音が聞こえた」
・「水を両手で掬って、一くち飲んだ。」

1 情景描写から心情をつかむ
2 場面の展開と心情の変化をつかむ
3 筆者の体験と主張をつかむ

生き伸《の》びてやろうか。村には私の家が在る。羊も居る。妹夫婦は、まさか私を村から追い出すようなことはしないだろう。正義だの、信実だの、愛だの、考えてみれば、くだらない。人を殺して自分が生きる。それが人間世界の*定法《じょうほう》ではなかったか。ああ、何もかも、ばかばかしい。私は、醜《みにく》い裏切り者だ。どうとも、勝手にするがよい。*やんぬる哉《かな》。――四肢《しし》を投げ出して、うとうと、まどろんでしまった。

ふと耳に、*潺々《せんせん》、水の流れる音が聞こえた。そっと頭をもたげ、息を呑《の》んで耳をすました。すぐ足もとで、水が流れているらしい。よろよろ起き上がって、見ると、岩の裂《さ》け目から滾々《こんこん》と、何か小さく囁《ささや》きながら清水が湧《わ》き出ているのである。その泉に吸い込《こ》まれるようにメロスは身をかがめた。水を両手で掬《すく》って、一くち飲んだ。ほうと長い溜《た》め息が出て、夢から覚めたような気がした。歩ける。行こう。肉体の疲労恢復《ひろうかいふく》と共に、わずかながら希望が生まれた。義務遂行《すいこう》の希望である。わが身を殺して、名誉を守る希望である。斜陽《しゃよう》は赤い光を、樹々《きぎ》の葉に投じ、葉も枝も燃えるばかりに輝《かがや》いている。日没《にちぼつ》までには、まだ間がある。私を、待っている人があるのだ。少しも疑わず、静かに期待してくれている人があるのだ。私は、信じられている。私の命なぞは、問題ではない。死んでお詫《わ》び、などと気のいいことは言っておられぬ。私は、信頼《しんらい》に報いなければならぬ。いまはただその一事だ。走れ！　メロス。

（太宰治《だざいおさむ》「走れメロス」『走れメロス・山椒魚《さんしょううお》』〈講談社〉より）

＊定法…決まった法則。　＊やんぬる哉…もうおしまいだ。
＊潺々…水がさらさら流れる音や様子。

メロスの心情（前向きな気持ち）

泉の水で恢復し、希望を取り戻《もど》す

・「私を、待っている人があるのだ。」
・「私は、信じられている。」
・「私は、（06　　）に報いなければならぬ。」

肉体の疲労恢復と共に、わずかながら（07　　）が生まれる。

POINT 2 特徴《とくちょう》的な表現に注目する。

比喩《ひゆ》（直喩）

● 「その泉に吸い込まれる（08　　）……」→メロスが水を求めて身をかがめる様子。

● 「……葉も枝も燃える（09　　）輝いている」→希望があふれ出ている様子。

擬態語《ぎたい》・擬音語（擬声語）・擬人法

● 「潺々、水の流れる音が聞こえた」→擬態語・擬音語（擬声語）。→希望が生まれるきっかけ

● 「滾々と、何か小さく囁きながら……」→擬態語。さかんに湧き出る様子。→擬人法。水の音を、人の囁きにたとえている。→励《はげ》まし

STEP 02 基本問題

文章を読み解くうえでの注意点をチェックし、問題を解こう。

➡解答は別冊02ページ

次の文章を読んで、下の問いに答えなさい。

「僕《ぼく》」は自分を「全く取《と》り柄《え》のない生徒」だと思い、勉強も運動もすぐに「まアいいや、どうだって」と思ってしまっていた。ある日、「僕」は学校の近くの神社の境内に、やせて背骨のへこんだ馬がつながれているのを見つけ、あわれに思う。神社の祭りの日、サアカス小屋に入り込《こ》んだ「僕」は、その馬と出会う。

僕はムシロ敷《じ》きの床《ゆか》の上に、汚《よご》れた湿《しめ》っぽい座ぶとんをしいて、熊のスモウや少女の綱《つな》わたりなど同じようなことが果てもなく続く芸当を、ぼんやり眺《なが》めていた。が、ふと場内をみわたしながら僕は、はっとして眼《め》を見はった。……あの馬が見物席の真ん中に引っぱり出されてくるのだ。

❶僕は団長の親方が憎《にく》らしくなった。（中略）

馬は、ビロードに*金モールの縫《ぬ》いとりのある服を着た男に*クツワを引かれながら、申し訳なさそうに下を向いて、あの曲がった背骨を[A]ゆすぶりながらやってくる。鞍《くら》もつけずに、いまにも針金細工の籠《かご》のような胸とお尻《しり》とが[B]にはなれてしまいそうな歩き方だ。……しかし、どうしたことか彼《かれ》が場内を一《ひ》と廻《まわ》りするうちに、急に楽隊の

注意
「あの馬」とは、「僕」が見つけた、神社の境内につながれていた馬である。

ヒント
馬が「見物席の真ん中に引っぱり出されて」きたのは、見せものにするため。馬は、そのすぐあとの部分で描写《びょうしゃ》されているような姿である。

くわしく
＊金モール…金糸をより合わせた組みひも。
＊クツワ…手綱《たづな》をつけるために、馬の口にくわえさせた金具。

ヒント
「僕」は馬に同情しているので、馬の様子も元気がなく見えている。

ヒント
A…曲がった背骨がゆすぶられる様子。

問1 ――線部❶「僕は団長の親方が憎らしくなった。」とあるが、なぜか。次の文の（　）に当てはまるように、その理由を書きなさい。

●団長が、（　　　　　　）から。

問2 「僕」から見た、見物席の真ん中に引っぱり出されてきたときの馬の様子を、八字で書き抜《ぬ》きなさい。

□□□□□□□□

問3 [　]A～Dに当てはまる言葉として適切なものを、それぞれ次のア～カから一つずつ選び、記号で答えなさい。

ア トコトコ　**イ** バラバラ　**ウ** イキイキ
エ ヘラヘラ　**オ** ガクガク　**カ** ドシドシ

A（　）　B（　）
C（　）　D（　）

1 情景描写から心情をつかむ
2 場面の展開と心情の変化をつかむ
3 筆者の体験と主張をつかむ

B…二つのものが離《はな》れる様子。
C…小さい歩幅《ほはば》で走り始める様子。
D…「下を向いて」いた馬が「見ちがえるほど」になった様子。

ヒント
馬の様子が大きく変わったところに着目する。

ヒント
「僕」は、馬の本当の能力を知らずに、その見かけだけで判断していたのである。

ヒント
問5とも関連。最後の部分には、何でも「まアいいや、どうだって」と思ってしまっていた「僕」が、馬の曲芸を見て夢中になり、馬を褒《ほ》めたたえている様子が描《えが》かれている。

音が大きく鳴り出した。と、見ているうちに馬は[C]と走り出した。

まわりの人は皆《みな》、眼をみはった。楽隊がテンポの速い音楽をやり出すと、馬は勢いよく駈《か》け出したからだ。すると高いポールの上にあがっていた曲芸師が、馬の背中に――ちょうどあの弓なりに凹《へこ》んだところに――飛びついた。拍《はく》手《しゅ》がおこった。

おどろいたことに馬はこのサアカス一座の花形だったのだ。人間を乗せると彼は見ちがえるほど[D]した。馬本来の勇ましい活撥《かっぱつ》な動作、その上に長年きたえぬいた巧《たく》みな曲芸をみせはじめた。楽隊の音につれてダンスしたり、片側の足で拍子《ひょうし》をとるように奇妙《きみょう》な歩き方をしたり、後ろ足をそろえて台の上に立ち上がったり……。いったいこれは何としたことだろう。あまりのことに僕はしばらくアッケにとられていた。けれども、❷思いちがいがハッキリしてくるにつれて❸僕の気持ちは明るくなった。

息をつめて見まもっていた馬が、いま火の輪くぐりをやり終わって、ヤグラのように組み上げた三人の少女を背中に乗せて悠々《ゆうゆう》と駈け廻っているのをみると、僕はわれにかえって一生懸命《いっしょうけんめい》手を叩《たた》いている自分に気がついた。

（安岡章太郎《やすおかしょうたろう》「サアカスの馬」『サアカスの馬・童謡《どうよう》』〈講談社〉より・一部略）

問4 場面が大きく転換《てんかん》するのはどの部分からか。その初めの五字を書き抜《ぬ》きなさい。

問5 ――線部❷「思いちがい」とあるが、「僕」の「思いちがい」とはどのようなことか。三十字以内で書きなさい。

問6 ――線部❸「僕の気持ちは明るくなった」とあるが、このときの気持ちを次のようにまとめた。[　]に当てはまる内容を、十五字以上、二十字以内で書きなさい。

●「僕」はその馬と自分を重ね合わせ、一見、全く取り柄がないと見えるものも、[　]ということを感じて、自分のこれからに希望を見いだした気がしている。

STEP 03

実戦問題

学習内容が身についたか、問題を解いてチェックしよう。

⬇解答は別冊02ページ

目標時間 30分

■ある学級で、国語の時間に次の文章を読み、各班で課題を決めて話し合った。あとの問いに答えなさい。〈秋田県〉

岡山県美作《みまさか》市の高校三年生実紀《みのり》と渓哉《けいや》は、野球部の活動が終わり受験勉強に取り組んでいる。実紀は親戚《しんせき》の栄美《えいみ》の親が経営する温泉旅館の夕食に渓哉を誘《さそ》い、話し始めた。

「郷土愛じゃ、郷土愛。おれは、美作や古町《ふるまち》が好きなんじゃ。できたら、ずっとここで暮らしたいて思うとる」

「え？　おまえ、神戸か京都の大学、受験するつもりじゃって言うてなかったか」

「だから、一旦《いったん》は外に出てもいろいろと蓄《たくわ》えて、また帰ってきたいて思うとるわけ」

「いろいろ蓄えるって？」

「だからいろいろじゃ。例えば……技術とか情報とか、つまり、ここが豊かになるようなノウハウみたいなものを、できるだけようけ吸収して持ち帰るみたいな……」

「実紀、そんなこと考えとったんか」

「まあな。あ、むろん、野球は続けるで。美作に帰って、チビッコたちに野球のおもしろさを伝えられたらええもんな。そういうの、ええじゃろ。＊奈義牛《なぎぎゅう》レベル、つまり最高よな」

実紀が笑う。❶屈託《くったく》のない笑みだ。

どん。強く胸を衝かれた。束《つか》の間《ま》だが、息が詰《つ》まった。

今、初めて実紀の想《おも》いを聞いた。渓哉は飛び立つことばかりに心を奪《うば》われていた。未知の場へ、未知の世界へ、ここではないどこかへ飛び立つ望みと不安の間で揺《ゆ》れていた。

自分の背に翼《つばさ》があって、どこまでも飛翔《ひしょう》できる。なんて夢物語を信じているわけじゃない。でも、思い切って飛べば、何かに出会えて道が開けるんじゃないかとは期待していた。

淡《あわ》く、根拠《こんきょ》のない、そして他力本願の期待だ。ふわふわと軽く、ただ浮遊《ふゆう》する。少し強い風が吹《ふ》けば、さらわれてどこかに消え去ってしまうだろう。

実紀の想いには根っこがある。現実に向かい合う覚悟《かくご》がある。

ずっと一緒《いっしょ》にいた。ずっと一緒に野球をやってきた。

互《たが》いの家を行き来して、「あんたら、どっちの家の子かわからんよう

1 情景描写から心情をつかむ
2 場面の展開と心情の変化をつかむ
3 筆者の体験と主張をつかむ

になっとるねえ」と、周りに呆《あき》れられたりもした。

実紀のことなら何でも知っているつもりだった。

それが、どうだ。

目の前に座っているのは、見知らぬ男ではないか。渓哉よりずっとリアルに、ずっと具体的に❷根を張り巡《めぐ》らせて生きて行こうとする男だ。

「おまえ、馬鹿じゃな。こんな田舎に囚《とら》われて、ずっと縛《しば》り付けられてるつもりなんかよ。町と一緒に廃《すた》れてしもうてええんか」

そう＊揶揄《やゆ》するのは容易《たやす》い。けれど、どれほど＊嗤《わら》っても嘲弄《ちょうろう》しても、実紀はびくともしないだろう。

「そうか……」

目を伏《ふ》せていた。

実紀のように素直に笑えない。

「おまえ、意外に、真面目じゃったんじゃな。知らんかったなあ」

目を伏せた自分が嫌《いや》で、口調をわざと冗談《じょうだん》っぽく崩《くず》す。

「まあな。おれ、淳也《じゅんや》さんを目標にしとるけん」

実紀が口元を結ぶ。一打逆転の打席に向かうときのように、硬《かた》く引き締《し》まった表情だ。

「兄貴？　何で兄貴が出てくるんじゃ」

「だって、淳也さん、すごいが。本気で地元のために動いて、商売を繋《つな》げて、新しい繋がりもどんどん作っていって……。淳也さんを見とると勇気っちゅうか、やれるんじゃないかって気持ちが湧《わ》いてくる」

「ふーん」

気のない返事をしてみる。これも、わざとだ。丼《どんぶり》に山盛りの飯を掻《か》き込《こ》む。『みその苑《えん》』は、米と野菜を近隣《きんりん》の契約《けいやく》農家から仕入れる。その季節に採れる最高の食材を提供する。が、謳《うた》い文句であり、板場をしきる栄美の父の＊矜持《きょうじ》だった。その矜持に相応《ふさわ》しく、どの料理も新鮮《しんせん》で美味《うま》い。しかし、渓哉の食欲は急速に萎《な》えていった。

（あさのあつこ『透《す》き通った風が吹いて』〈文藝春秋〉より）

＊奈義牛…岡山県奈義町で飼育生産されているブランド牛。
＊揶揄…からかうこと。
＊嗤っても嘲弄しても…悪く言って笑ってもからかっても。
＊矜持…自分の能力を優れたものとして誇《ほこ》る気持ち、自負、プライド。

問1 A班では、渓哉の人物像をとらえるため〰〰線部の表現に着目した。

(1) 〰〰線部「他力本願」とあるが、渓哉の考えのどのような点が「他力本願」なのか。本文中の言葉を使って書きなさい。

(2) 渓哉《けいや》の人物像を次のようにまとめた。〔　　〕に当てはまる内容を書きなさい。

> 「ふわふわと軽く」「浮遊《ふゆう》する」「消え去ってしまう」などの表現から、将来について〔　　〕人物像を思わせる。

〔　　　　　　　　〕

問2 B班では、実紀《みのり》の人物像をとらえるため――線部の表現に着目した。

(1) ――線部❶「屈託《くったく》のない笑み」とあるが、どのような笑みか。本文中の言葉を使って書きなさい。

〔　　　　　　　　〕

(2) ――線部❷「根を張り巡《めぐ》らせて生きて行こう」とあるが、具体的にはどうすることか。最も適切なものを、次の**ア**～**エ**から一つ選び、記号で答えなさい。

ア 地元から離《はな》れずに、ずっと縛《しば》り付けられて暮らすこと。
イ 子供たちに野球を教えることを職業にして暮らすこと。
ウ 地元の情報を収集し、発信しながら都会で暮らすこと。
エ 地元に腰《こし》をすえ、人との関わりを広げて暮らすこと。

〔　　〕

(3) 実紀の人物像を次のようにまとめた。〔　　〕に当てはまる内容を書きなさい。

> 「根っこ」「びくともしない」「硬《かた》く引き締《し》まった」などの表現から、将来について〔　　〕人物像を思わせる。

〔　　　　　　　　〕

新傾向

問3 次は、A班、B班の発表を聞いた春子《はるこ》さんと昭雄《あきお》さんの会話である。これを読んで、あとの問いに答えなさい。

春子　二つの班の発表から、二人の人物像の違《ちが》いがよくわかってきたわ。
昭雄　この場面は、渓哉の視点から書かれていることを考えると、二人の違いを渓哉がどう感じたか、ということが大切だと思うよ。
春子　実紀自身は変わっていないのだけれど、渓哉は、実紀がこれまでとは変わったように感じたのね。
昭雄　だから実紀を「〔　a　〕」と表現したんだね。
春子　「目を伏《ふ》せた自分が嫌《いや》で、口調をわざと冗談《じょうだん》っぽく崩《くず》す」という部分には、渓哉の〔　b　〕という気持ちがよく表れていると思う。渓哉には、実紀との会話が何かのきっかけになっていると思うわ。

1 情景描写から心情をつかむ
2 場面の展開と心情の変化をつかむ
3 筆者の体験と主張をつかむ

昭雄　そうだね。「渓哉の食欲は急速に萎《な》えていった」の部分からは渓哉の〔　c　〕という思いがよく伝わってくるね。

春子　そういう思いをきっかけにして、この後、渓哉がどう成長していくのか、読み進めるのが楽しみね。

(1)　〔　a　〕に当てはまる言葉を、本文中から五字で書き抜《ぬ》きなさい。

(2)　〔　b　〕に当てはまる内容として最も適切なものを、次の**ア**～**エ**から一つ選び、記号で答えなさい。

ア　自分が恥《は》ずかしく、相手に感じた引け目をごまかそう。

イ　泣きそうな顔を見せたくないので、みんなを笑わせよう。

ウ　無理なことを語る相手をからかい、考え直させよう。

エ　見下されたように感じ、怒《おこ》っていることを伝えよう。

超難問

(3)　〔　c　〕に当てはまる内容を、四十五字以内で書きなさい。

筆者の体験と主張をつかむ

STEP 01 要点まとめ

（　）に当てはまる言葉を書いて、内容を確認しよう。

↓解答は別冊03ページ

次の文章を読んで、下のポイントを確かめよう。

人間がどこに行き、だれと出会うかは運命によるものが大きい。筆者が第二次世界大戦後にパリ大学の講師としてフランスに滞在《たいざい》していたとき、マルセルという有名な哲学者《てつがくしゃ》と出会った。マルセルは自宅で勉強会を開いており、誘《さそ》ってくれる人がいて筆者はその会に通っていた。

やがて私が帰国することになり、マルセルの集まりに出るのもこれが最後という日のことです。その日は、他の人びとよりも三十分ほど早めにマルセルのお宅に来るようにと彼《かれ》は私に言って下さり、私は彼が用意して下さったコーヒーと小さな「フラン」というお菓《か》子《し》をご馳走《ちそう》になりながら、他の人びとが来るまでの間、二人だけで話すことができました。そのとき、マルセルは私に質問しました。

「ムッシュ・イマミチ、これからは君と会えなくなるけれども、人間が他の人間に贈《おく》ることのできる最大の贈り物は何だと思いますか」

読者のみなさんも考えてみて下さい。「人間が他の人間に贈ることのできる最大の贈り物」とはいったい何でしょう。

そのとき、私は一生懸命《いっしょうけんめい》考えました。そして思いつくままにいろ

POINT 1　筆者の体験をつかむ。

随筆《ずいひつ》では、筆者の体験・経験をもとに、自身の主張や思いが述べられる場合が多い。ここでの体験は、マルセルからのある質問である。

マルセルの質問	「人間が他の人間に贈ることのできる最大の 01（　　　）は何だと思いますか」
答え	「それは『02（　　　）』です」
答えの根拠《こんきょ》	「02（　　　）は一生 03（　　　）はありません。壊れることもなければ色褪せることもない。一生 04（　　　）。」

POINT 2　読者に語りかけているところや文末表現に着目する。

いろ挙げてみました。でもどれもマルセルは違《ちが》うと言うのです。

私の考えもとうとう尽《つ》きて、黙《だま》ってしまったとき、マルセルは少しニヤッと笑うような顔つきをして、こう言ったのです。

「人間が人間に贈る最大の贈り物、それは『よい思い出』です。どれほど立派な品物でも、いつかは壊《こわ》れます。壊れなくても色が褪《あ》せてしまいます。でも、よい思い出は一生かわることはありません。壊れることもなければ色褪せることもない。一生続きます。そしてそれを君が語り継《つ》いでいけば、その次の世代の心にも残るでしょう。よい思い出を人からもらうようにしなさい。それと同時に、よい思い出を人に与《あた》えるような人間になりなさい」

この言葉は、マルセルの思いつきなのではなく、信念でした。その小さな証拠《しょうこ》に、有島暁子《ありしまあきこ》さん（有島生馬《いくま》の娘《むすめ》で、有島武郎《たけお》の姪《めい》）にも、全く同様の言葉を彼は贈っています。

運命的な出会いとは、だれもが容易に体験できるわけではありません。みなさんもこれからの人生において、出会いがあるでしょう。そのときにはまだ、それがどれほど自分に影響《えいきょう》を与えるかわからないかもしれません。また相手にどのような影響を与えることになるか、気づかないかもしれません。

しかし、後になって振《ふ》り返ったときに、その運命的な出会いが「よい思い出」となるように、まごころを尽くして、誠実に人と接するようにして下さい。

まごころや誠実が、いずれ「よい思い出」へと結晶《けっしょう》するはずです。

（今道友信《いまみちとものぶ》『人生の贈り物――四つの物語』〈かまくら春秋社〉より）

● 「読者の（05　　）も考えてみて下さい。」

● 「（06　　）もこれからの人生において、出会いがあるでしょう。」

このあとに、伝えたいことや注目させたいことが続く。

● 「……接するようにして（07　　）」

● 「……結晶するはずです。」

筆者の主張につながる。

POINT 3

筆者が主張していることをつかむ。

結論としての筆者の主張・思いは文章の終わりのほうで述べられることが多いので、特にその部分に着目する。

● 「（08　　）とは、だれもが（09　　）に体験できるわけではありません。」

←

「出会い」が自分や相手にどういう影響を与えることになるのか、そのときはわからないかもしれないし、気づかないかもしれない。

←

● 「（10　　）を尽くして、（11　　）に人と接するようにして下さい」

←

● 「いずれ『（12　　）』へと結晶するはずです」

STEP 02 基本問題

文章を読み解くうえでの注意点をチェックし、問題を解こう。

↓解答は別冊03ページ

くわしく
＊才色兼備…女性が才能に優れ、顔だちも美しいこと。

ヒント
「この人」のことから、一般的《いっぱん》な「時」についてのことへと、内容が変化しているのはどこか。

くわしく
＊たち…性質。性分。

ヒント
「したり顔」は「得意げな顔・自慢《じまん》気な顔」という意味。ここでは何を自慢しているのか。

くわしく
＊セコンド…秒針。

次の文章を読んで、下の問いに答えなさい。

若い時から能率的というのでしょうか、時間の使い方が実にうまい人を知っています。二時間ずつ、ピアノ、英語、フランス語、お茶、お花、と、ひと通りの稽古《けいこ》ごとをみんなマスターし、外国へも留学して、出来ないものはないという＊才色兼備《けんび》の見本のような人です。

みごとなものだなと思いますが、❶私はどうもこの人についてゆけないところがあります。（中略）

お茶を二時間習い、時計が三時になったから、すぐショパンが弾《ひ》けるものでしょうか。私は非能率的といわれても、お茶を習った日はお茶だけにして、夜までその気分を大切にしたいと思う「＊たち」なのです。

いや、それよりも、「私は時間を合理的に使っているでしょ？」という、したり顔が――私は、ダメな人間ですから、きっと口惜《くや》しいんでしょうね――気に入らないのです。

時というものは、一秒一秒、時計の＊セコンドのようにせわしなく過ぎてゆくものでもありますが、一生の単位で見れば大きな河の流れにも似て、ゆったりと流れてゆくものでもあるはずです。

問1 筆者の体験例から、それを踏《ふ》まえて筆者の主張・思いへと内容が移るのはどこからか。初めの五字を書き抜《ぬ》きなさい。

問2 ――線部❶「私はどうもこの人についてゆけないところがあります」とあるが、「この人」のどのようなところに「ついてゆけない」のか。（　　）に当てはまる言葉を書きなさい。

・（　　　　）を自慢《じまん》しているようなところ。

問3 ――線部❷「負け犬」とあるが、筆者はここでは「負け犬」を、どのような人をたとえた言葉として使っているか。最も適切なものを、次の**ア**～**エ**から一つ選び、記号で答えなさい。

ア 勝ち負けを全く気にせず、あきらめが早い人。

イ 失敗の経験があるが、そこから何かを学んだ人。

三年五年を、無駄《むだ》にすごしたとしても、六十年七十年の人生にとって、引っかき傷ほどにもなりません。

私は、どちらかといえば❷負け犬が好きです。

人も犬も、一度ぐらい相手に食いつかれ、負けたことのある方が、思いやりがあって好きです。

時にしても同じです。

一時間単位、二時間単位で時間を使ったといっても、それはせいぜい、時計を有効に使ったということにすぎません。

人間は、時計を発明した瞬間《しゅんかん》から、能率的にはなりましたが、同時に❸「時計の奴隷《どれい》」になり下がったようにも思います。

時計は、絶対ではありません。

人間のつくったかりそめ*の約束です。

もっと大きな、「人生」「一生」という目に見えない大時計で、自分だけの時を計ってもいいのではないでしょうか。

若い時の、「ああ、今日一日、無駄にしてしまった」という絶望は、人生の大時計で計れば、ほんの一秒ほどの、素敵な時間です。

恐《おそ》れと、むなしさを知らず、得意になって生きるより、それはずっとすばらしいことに思います。

どんな毎日にも、生きている限り「無駄」はないと思います。「焦《あせ》り」「後悔《こうかい》」も、人間の貴重な栄養です。いつの日か❹それが、「無駄」にならず「こやし」になる日が、「あか」にならず「こく」になる日が、必ずあると思います。

真剣《しんけん》に暮《くら》してさえいれば――です。

（向田邦子《むこうだくにこ》「時計なんか恐《こわ》くない」『夜中の薔薇《ばら》』〈講談社〉より・一部略）

ヒント
「負け犬」は比喩《ひゆ》的に、争いに敗れて引き下がる人の意味で使われるが、筆者は、ここでは特別な意味をもたせている。

ヒント
「奴隷」は「主の言いなりになり、自由のない身」という意味。

くわしく
＊かりそめの…仮の。

ヒント
筆者は「時」を「無駄」に過ごすことを否定しきらず、前の部分でも、自分は「負け犬が好きです」としている。「こやし」は成長の源となるもの、「あか」はよごれ、「こく」は深みのある趣《おもむき》といった意味で使われている。
〈マイナスなこと〉　〈プラスなこと〉
「無駄」↕「こやし」
「あか」↕「こく」
と対比している。

ウ　自分がどれほどの能力をもつか、よくわかっている人。
エ　失敗ばかりするために、周囲からの評価が低い人。
〔　　〕

問4　――線部❸『時計の奴隷』になり下がった」とはどういうことか。説明しなさい。

〔　　　　〕

問5　――線部❹「それが、『無駄』にならず『こやし』になる日が、『あか』にならず『こく』になる日が、必ずある」とは、どういうことか。「それ」の指す内容を明らかにして、「人生」「プラス」という言葉を使って、次の□に当てはまる言葉を三十字以内で書きなさい。

●　□が、必ずあるということ。

STEP 03

実戦問題

学習内容が身についたか、問題を解いてチェックしよう。

↓解答は別冊03ページ

目標時間 30分

次の文章を読んで、あとの問いに答えなさい。〈山形県〉

リスは秋の森で胡桃《くるみ》を集める。冬に備えてそれを食べ、食べきれなかった分は翌日のためにこっそり隠《かく》す。たとえば巣穴の奥《おく》へ、たとえば地面に穴を掘《ほ》って。

ところが、リスはそれを忘れてしまう。たくさんのリスたちによって埋《う》められた胡桃が、春になるとあちこちで芽を出す。そのうちの何本かは無事に葉を広げ、すくすくと背を伸《の》ばし、胡桃の木に育つ。

❶文庫本は胡桃だ。書店は秋の森だ。町を歩いているときにふと立ち寄った店で、なにげなく見つけた文庫本を買い、持ち歩く。もちろん、読む。読みきれなかった分は、後で読むつもりで鞄《かばん》やコートのポケットに、入れる。しまう。隠す。そして、忘れる。リスの流儀《りゅうぎ》だ。これで次の春に芽を出す準備は整った。

❷文庫本というのは、大きくて重くて持ち運ぶことのむずかしかった単*行本に翼《つばさ》をつけたかたちだ。小さくて、a薄くて、読みやすく、買いやすく、持ち運びやすい。どこへでも連れていって好きな場所で読める。しかし、持ち運ぶためのかたちは、忘れるためのかたちでもある。小さくて、薄くて、買いやすい。つまり、ちょうど忘れやすいようにできているのだ。

本棚《ほんだな》に差しておいたはずなのに、単行本の山に埋もれて姿が見えなくなる。そのうちに読みかけていたことも忘れてしまう。旅の途中《とちゅう》、港のターミナルで買って船の中で読み、下船するときに旅行鞄にしまってそれきり忘れてしまった一冊もあった。

それらがどうなったか。時が経《た》ちすっかり存在を忘れた頃《ころ》に出てきて、持ち主を驚《おどろ》かせ、よろこばせた。途中までになっていた物語が、新しい物語のように、また、古くて懐《なつ》かしい物語のように目の前に立ち上がった。

忘れるという選択肢《せんたくし》のあることが私たちを自由にする。文庫本にはたぶん、あらかじめどこかで持ち主に忘れられることが織《こ》り込まれている。喫茶《きっさ》店のテーブルの上に、旅行鞄の底で、本棚の陰《かげ》に、ひっそりと忘れられる運命。

今年高校に入った息子は、生まれつきの無精者だった。

無精者だから、だいたい荷物は最小限で済ませようとする。学生服のポケットには、四次元につながっているのではないかと疑うほど物が詰《つ》め込まれている。洗濯《せんたく》に出すときにポケットの中身を点検して驚いた。そもそも彼《かれ》は筆箱を持たない。シャープペンとボールペンの黒と赤が一本になったものを持つ。ポケットの中にだ。それから、消しゴムもある。ポケットの中にだ。定規、マスク、ティッシュ、小銭が二百九十円くらい、メモ、学校からの配布物、自転車の鍵《かぎ》。いうまでもなく、ポケットの中にだ。このへんまでは*鉄板だ。コンパスはさすがに危ないと思う。できれば小銭もちゃりちゃり鳴るから入れないほうがいいと思う。だって、しつこいようだが学生服のポケットの中なのだ。さて、そして、❸反対側のポケットに、文庫本が一冊。これでどこへでも行ける。このポケットがあれば——文庫本が入っていればの話だが——、どこへでも行ける。*四次元ポケットというより、*どこでもドアのほうが近いのかもしれない。

息子の今回のどこでもドアが森鷗外《もりおうがい》だったことが意外だった。中学生だった頃、読みにくいと嘆《なげ》いていたのを聞いていたからだ。家には夫所有（b）の立派な鷗外全集がある。成人祝いに揃《そろ》えたものだそうだ。二年ほど前、息子が中の一冊を手にとってぱらぱらめくり、重いし、古くさいし、などと困り顔をしていたのだった。それが、今、ポケットに鷗外。彼はいったいいつ、この文庫本を選んだのか。そしていつこの文庫本を開いているのだろう。

❹「*阿部《あべ》一族、おもしろかった？」

尋《たず》ねたら、ほんの少し黙《だま》ってから、

「どこにあった？」

真顔で聞いてきた。君の学生服のポケットの中だよ。

「せっかく寝《ね》かせてたのに」

うまいことをいう。忘れていたくせに、寝かせておいたとは。

でも、彼はいったのだ。

「一度寝かせてからまた読むと、なんだか深く読める感じがするんだよ」

リスだ、と思った。全集は土だったのか、水か太陽だったのか。いつか埋めた胡桃は忘れた頃に芽を出して、やがて大きな木に育つ。そこになった胡桃を、リスはまたよろこんで夢中で齧《かじ》るのだろう。

（宮下奈都《みやしたなつ》「秋の森のリス」『考える人 2014年夏号 No.49』〈新潮社〉より）

*単行本…単独で刊行された本のこと。
*鉄板…確実なことのたとえ。
*四次元ポケット、どこでもドア…漫画《まんが》『ドラえもん』に登場する道具。
*阿部一族…明治時代の作家である森鷗外の短編小説。

問1 ——線部a、bの漢字の読み方を、ひらがなで書きなさい。

a（　　　　くて）

b（　　　　）

問2 ……線部「流儀《りゅうぎ》」の意味として最も適切なものを、次のア〜エから一つ選び、記号で答えなさい。

ア 礼儀
イ こだわり
ウ 流行
エ やり方

〔　　〕

問3 ――線部❶について、次の(1)、(2)の問いに答えなさい。

(1) ――線部❶で使われている表現技法として適切なものを、次の**ア**〜**オ**から**二つ**選び、記号で答えなさい。

ア 直喩《ちょくゆ》
イ 隠喩《いんゆ》
ウ 擬人法《ぎじんほう》
エ 倒置法《とうちほう》
オ 対句法

〔　　〕・〔　　〕

(2) ――線部❶を、次のような形で説明したとき、□に入る適切な言葉を、本文中の言葉を使って、十五字以内で書きなさい。

人が書店で文庫本を買う行為《こうい》は、□行為とよく似ているということ。

問4 ――線部❷について、筆者が述べたかったことを、次のような形でまとめたとき、Ⅰ、Ⅱに入る適切な言葉を、Ⅰは七字で、Ⅱは五字で、それぞれ本文中から書き抜《ぬ》きなさい。

文庫本は、その形状などの特徴《とくちょう》からⅠものであるのだが、そのためにかえってⅡものであるということ。

Ⅰ

Ⅱ

問5 ——線部❸について、「これでどこへでも行ける」とはどういうことか。本文の内容に即《そく》して、五十字以内で書きなさい。

問6 ——線部❹の母親と息子の会話から、息子がどのようなことを思い出したと読み取れるか。最も適切なものを、次の**ア**〜**エ**から一つ選び、記号で答えなさい。

ア 自分の学生服のポケットから文庫本が出てきたということ。
イ 自分が文庫本の『阿部《あべ》一族』を読みかけていたということ。
ウ 自分が父親の鷗外《おうがい》全集の中の一冊を読んでいたということ。
エ 母親から『阿部一族』の感想を求められていたということ。

問7 本文における構成とその効果を説明したものとして、最も適切なものを、次の**ア**〜**エ**から一つ選び、記号で答えなさい。

ア 本文全体を二つに分けることで、胡桃《くるみ》の木と息子を重ね合わせ、いつの間にか成長している息子の様子を印象づけている。
イ 森の情景を描写《びょうしゃ》した段落を最後に配置することで、四季の移り変わりを際立《きわだ》たせ、日本の自然の豊かさを印象づけている。
ウ 冒頭《ぼうとう》と最後の段落の内容をつなげることで、息子とリスを重ね合わせ、豊かな読書で成長していく息子の姿を想像させる。
エ 後半の段落で日常生活を詳《くわ》しく描写することで、息子の個性を際立たせ、母親が抱《かか》えている子育ての苦労を想像させる。

漢字のチェック①

高校入試によく出る漢字に挑戦《ちょうせん》しよう。

↓解答は別冊19ページ

1 ——線部の漢字の読み方を書きなさい。

(1) 注意を促す標識を立てる。
(2) 空はすっかり雨雲に覆われた。
(3) 示唆に富んだ講演を聞く。
(4) 流木が波間を漂う。
(5) 失敗して自己嫌悪《けんお》に陥る。
(6) 相手の話を途中《とちゅう》で遮る。
(7) 神社の境内を散歩する。
(8) 行事への参加者を募る。
(9) 仏像の柔和な表情。
(10) 父は頻繁にゴルフに出かける。
(11) 教え諭すように優しく話す。
(12) チャンピオンに戦いを挑む。
(13) 秋の気配を感じる。
(14) 与《あた》えられた任務を遂行する。
(15) 息を殺して物陰《ものかげ》に潜む。
(16) 独自の文化が廃れるのは残念だ。
(17) 為替相場が安定する。
(18) 目の前に穏やかな海が広がる。
(19) 自らの行いを顧みる。
(20) シャツのほころびを繕う。

2 ——線部のカタカナを漢字で書きなさい。

(1) 誤りをシテキする。
(2) 実力をハッキする。
(3) 飾《かざ》りつけに工夫をコらす。
(4) 幼児をタイショウにした絵本。
(5) 賞金をカクトクする。
(6) 「論よりショウコ」ということわざ。
(7) 健康をイジする。
(8) 自己ショウカイをする。
(9) 戦争のギセイになる。
(10) 食品の製造カテイを管理する。
(11) 時間にヨユウをもって行動する。
(12) 『赤毛のアン』はフキュウの名作だ。
(13) ビミョウな柄《がら》の違《ちが》いを識別する。
(14) ほめられたとサッカクする。
(15) 安全確認をテッテイさせる。
(16) 遠くの山々をナガめる。
(17) ムジュンした意見を言う。
(18) 温かいカンゲイを受ける。
(19) 二人の性格はタイショウ的だ。
(20) 無限の宇宙というガイネン。

説明的文章編

1 文章の構成と展開をつかむ
2 事実と意見を読み分ける
3 要旨をつかむ

文章の構成と展開をつかむ

STEP 01 要点まとめ

（　）に当てはまる言葉を書いて、内容を確認しよう。

↓解答は別冊04ページ

次の文章を読んで、下のポイントを確かめよう。

次の文章は、オオカミに対する見方が、ヨーロッパと日本とでは異なっている理由について書かれたものです。

1　確かにオオカミは肉食獣《にくしょくじゅう》であり、ほかの動物を殺して食べます。でもそれならライオンやトラでも同じことなのに、オオカミだけが悪魔《あくま》のように悪者にされるのはなぜでしょう。

2　それは、ヨーロッパの生活様式とかかわりがあるようです。ヨーロッパの農業は麦を栽培《さいばい》し、ヒツジを飼って営まれました。まだ村のまわりに森が残っていた時代、オオカミがヒツジを襲《おそ》って殺すことはよくありました。ヒツジは従順な動物で、とくに子ヒツジは愛らしい天使のようです。そのヒツジが殺されているのを見れば、オオカミを残酷《ざんこく》で悪い動物と思うのはとうぜんのことです。人がオオカミの襲撃《しゅうげき》を防ごうとしても、それを破ってヒツジを襲ったこともあるはずです。オオカミが賢《かしこ》ければ賢いほど、また強ければ強いほど、憎《にく》まれました。

3　ヨーロッパの中世はキリスト教の影響《えいきょう》がたいへん強く、人々にとって悪魔や魔女はほんとうにいると信じられていましたから、オオカミは

POINT 1　話題を示している段落をつかむ。

「〜でしょう（か）。」などの問いかけの文に注目する。

この文章では01（　　）段落と02（　　）段落に、問いかけの文がある。

- 01（　　）段落…03（　　）だけが悪魔のように悪者にされるのはなぜでしょう。
- 02（　　）段落…04（　　）はどうでしょう。

POINT 2　話題に沿って、説明の内容をまとめる。

問いかけの形で話題を示したあとに、その話題についての説明部分が続く。この文章では、2・3段落、4〜6段落が説明部分に当たる。

オオカミに対する見方や考え方を、ヨーロッパと日本とで対比

とうぜん悪魔のようにみなされました。その憎しみは増幅《ぞうふく》されて、*グロテスクな化けもののように描《えが》かれました。こうして、ヒツジを軸《じく》にした酪農《らくのう》を基盤《きばん》としていたヨーロッパでは、ヒツジを襲うオオカミは悪魔のようにみなされることになったのです。

4 日本はどうでしょう。埼玉県には三峯《みつみね》神社という神社があり、ここではオオカミを祀《まつ》っているのです。動物を祀るなんてへんですが、日本の神社には動物を祀る神社はめずらしくありません。どこにでもある稲荷《いなり》神社は、キツネを祀っています。それにくらべればオオカミは強く賢い動物ですから、神様にされるのはさほど不思議なことではありません。しかも、それ以上の理由があります。

5 日本は米の国といっていいほど稲作《いなさく》のさかんな国です。この一〇〇〇年くらいは米づくりのために国をあげてがんばってきた、といっていいほどです。農民は豊作のために祈《いの》りをささげる毎日を過ごしてきました。米がたくさんとれた年はそのことに感謝し、そうでない年には来年は豊作になりますようにと祈ったのです。ですから、汗水《あせみず》たらしてつくった米が台風でだめになったり、イノシシやシカに食べられたら、がっかりします。台風にはさからえませんから、ただ祈るしかありませんが、イノシシやシカには強い憎しみを感じたに違《ちが》いありません。

6 そのイノシシやシカを殺してくれるのがオオカミです。それは「憎い仇《かたき》を退治してくれた」という心情だったに違いありません。とうぜんオオカミは自分たちの味方と考えたことでしょう。オオカミが賢ければ賢いほど、強ければ強いほど、オオカミは敬われ、神のようになっていきました。こうして、米を軸にした農業を営んだ日本では、米を食べる草食獣を殺してくれるオオカミは神になったのです。

（高槻成紀《たかつきせいき》『野生動物と共存できるか』〈岩波ジュニア新書〉より・一部略）

*グロテスク…醜《みにく》くて、不気味な様子。

して説明し、それぞれ「こうして、……なったのです。」という一文でまとめている。表にすると、次のような構成になる。

	オオカミに対する見方・考え方	まとめ
ヨーロッパ（2 3）	2 05（　　）を襲うので憎む。 3 06（　　）の影響から、悪魔として憎む。	3 こうして…酪農を基盤としていたヨーロッパでは、オオカミは07（　　）のようにみなされることになったのです。
日本（4 5 6）	4 08（　　）を祀る神社がある。 5 米を食べる09（　　）を憎む。 6 イノシシやシカを殺してくれるオオカミを10（　　）。	6 こうして…米を軸にした農業を営んだ日本では、オオカミは11（　　）になったのです。

POINT 3 全体の内容を踏《ふ》まえて、筆者の主張をつかむ。

12（　　）に対する見方・考え方が13（　　）と14（　　）とで異なっている理由は、それぞれの15（　　）とかかわりがあるようだ。

STEP 02 基本問題

文章を読み解くうえでの注意点をチェックし、問題を解こう。

↓解答は別冊04ページ

次の文章を読んで、下の問いに答えなさい。

1 いまでは誰《だれ》でも手軽に寿司《すし》を食べることができるが、冷蔵技術のなかった昔は、生の魚を食べることは簡単ではなかったに違《ちが》いない。日本全国はおろか、世界中からうまい食材が集まる東京でさえも、その昔は、「江戸前《えどまえ》」の言葉が示すとおり、近海の江戸湾《わん》の魚しか刺身《さしみ》では食べられなかった。日本は高温多湿《たしつ》の国だから、とにかく食べ物は傷みやすかったのだ。

2 そもそも寿司の起源をたどると、もともとは魚の保存食である。*なれ寿司や鮒《ふな》寿司のようにご飯を発酵《はっこう》させて魚を保存させたのが寿司の始まりなのだ。

3 食べ物が傷むのは、雑菌《ざっきん》が繁殖《はんしょく》して腐敗《ふはい》させてしまうためである。［　］、無害な発酵菌をあらかじめ、はびこらせておくことで、雑菌を寄せつけないのが発酵技術である。まさに❶「毒をもって毒を制す」発想なのだ。納豆や醤《しょう》油《ゆ》、味噌《みそ》、糠《ぬか》漬《づ》けなど、日本の食卓《しょくたく》を支える保存食は発酵技術の賜物《たまもの》である。そして、なれ寿司や鮒寿司は無害な乳酸菌の栄養源としてご飯を必要とした。こうして魚とご飯が出会い、寿司の原型が作られたのである。しかし、乳酸発酵させたなれ寿司や鮒寿司は匂《にお》いがきつく、あまり食べ

ヒント

1段落では、「いま」と違って「昔」は、生の魚が手軽には食べられなかったことを、その理由とともに述べている。
2段落では、1段落で述べた、昔の日本の状況《じょうきょう》を踏《ふ》まえて、「そもそも寿司の起源をたどると……」と述べ、寿司が魚の保存食として生まれたことを説明している。

くわしく

*なれ寿司…飯と塩漬けにした魚を、おもしを載《の》せて漬け込み、自然発酵させて酸味を出したもの。

ヒント

「毒をもって毒を制す」は、悪を抑《おさ》えるのにほかの悪を利用するという意味の慣用句。発酵技術の、菌を菌で抑えるという原理を説明するために、この表現を用いている。

問1 日本で寿司が生まれた背景として、どんなことが挙げられるか。次の［　］に当てはまる言葉を、四字と七字で書き抜《ぬ》きなさい。

●日本は［　　　　］の国なので、生の魚をはじめ、食べ物が［　　　　　　　］こと。

問2 ［　］に当てはまる言葉として最も適切なものを、次の**ア**～**エ**から一つ選び、記号で答えなさい。

ア また　**イ** そこで　**ウ** ところが　**エ** なぜなら

〔　　〕

問3 ――線部❶「毒をもって毒を制す」とあるが、「ⓐ毒をもってⓑ毒を制す」の〰〰線部ⓐ・ⓑの「毒」は、ここでは何を指しているか。3段落から六字と二字で書き抜きなさい。

注意

「しかし」に注目。3段落の最後の文の「しかし」は、以下で、この段落で述べてきた内容についての問題点を挙げて、4段落へ展開していくきっかけとしている。

ヒント

5段落初めの「しかし」も直前の4段落の内容について、その問題点を挙げて、6段落へとつなげている。

ヒント

「……は……のためではなく」とある。では、何のためにあるのか。
6段落では、5段落で挙げた「抗菌力のある植物」についてさまざまな具体例とともに説明し、最後に再び、それらの植物の役割を述べている。

やすいとはいえない。

4 やがて江戸時代になって米を発酵させた酢《す》が普及《ふきゅう》すると、ご飯を発酵させる代わりに、ご飯にすっぱい酢を加えて寿司を作るようになった。これが❷押《お》し寿司や箱寿司である。酢は米を酵母菌でアルコール発酵させた日本酒を、さらに酢酸菌《さくさんきん》で酢酸発酵させる。こうして作られた有機酸が雑菌を防ぐのである。さらに、押したり、箱にぎゅうぎゅう詰《づ》めにしたりして、ご飯のなかの空気を取り除くことで雑菌を繁殖させないように工夫しているのだ。

5 しかし、押し寿司や箱寿司はずいぶん食べやすくなったものの、寿司自身を発酵させたなれ寿司に比べると雑菌に対するガードはどうしても甘《あま》くなる。そこで、抗菌《こうきん》力のある植物が助《すけ》っ人《と》として利用されるようになるのである。

6 各地の押し寿司には、抗菌力のある植物の葉で包んだものが少なくない。傷みやすいサバ寿司は抗菌作用のあるアセ（ダンチク）やバショウ、バランの葉で包まれている。バランは漢字では「葉蘭」と書くユリ科の植物である。いまでは、バランといえばプラスチック製のものがお弁当や寿司桶《おけ》に添《そ》えられて面影《おもかげ》を残すのみだが、もともとは植物の葉っぱが使われていた。また、カキの葉で包んだ柿《かき》の葉寿司やホオノキの葉で包んだ朴葉《ほおば》寿司もあるし、鱒《ます》寿司や鮭《さけ》寿司にはササの葉が使われている。これらの葉は鮮《あざ》やかな緑色で寿司をおいしそうに引き立てているが、本来は彩《いろど》りや香りを添えるためではなく、植物の持つ抗菌作用で寿司が傷むのを防いでいるのである。

（稲垣栄洋《いながきひでひろ》『蝶々《ちょうちょう》はなぜ菜の葉に止まるのか』〈角川ソフィア文庫〉より）

ⓐの「毒」

ⓑの「毒」

問4 ——線部❷「押し寿司や箱寿司」の問題点はどんなことか。次の（　）に当てはまる言葉を、5段落から五字以上十字以内で書き抜きなさい。

●（　　　）が甘いということ。

問5 次の文は、6段落の要点をまとめたものである。□に当てはまる内容を、二十五字以内で入れて、完成させなさい。

●各地の押し寿司に、バランなどの葉で包んだものが少なくないのは、□ためである。

STEP 03

実戦問題

学習内容が身についたか、問題を解いてチェックしよう。

↓解答は別冊04ページ

目標時間 30分

次の文章を読んで、あとの問いに答えなさい。〈山梨県・改〉

地球上での生きものの歴史を考える際に、*エポックメイキングと呼んでよい事柄《ことがら》がいくつかありますが、その一つに「生きものの上陸」があります。

38億年前に生まれた地球最初の生命体は、その後33億年間ずっと海のなかにいました。今からおよそ5億年前にようやく陸へ上がりはじめたのです。考えてみればこれは当然のこと。海には、生命の維持《いじ》に大切な水はたっぷりあるし、太陽から降ってくる紫外線《しがいせん》などの有害な光線も遮《さえぎ》ってくれますから。

なぜ生きものが陸に上がったのかよくわかりません。でも挑戦《ちょうせん》をしました。生きものが上陸しなかったら人間は生まれなかったわけですし、陸に上がったからこそ生きものは多様化し、空まで飛ぶようになりました。「上陸」という出来事は、生きものにとってきわめて重要なことだったのです。

最初に陸に上がった生きものは植物です。植物は自然界の基礎《きそ》ともいえる存在で、植物なくして生きものは生きていけません。最初に上陸した植物はコケやシダでしたが、今は樹高40ｍや70ｍといった高木もあります。よくよく考えると、これはすごいことです。たとえばマンションの10階での水道は、エネルギーを使ってポンプを回し、屋上まで吸い上げた水を送っています。しかし、植物は動力を使わずに水を70ｍの高さまで吸い上げているのです。「機械論的世界観」が人間社会を覆《おお》っていたときは、生きものがやっていることなんて「保守的で古いこと」と思われがちでした。しかし、たとえば魚類が水のなかから陸に上がってきて空を飛ぶようになる間に、生きものはどれほど新しいことに挑戦してきたことか……。そう考えると、生きものの進化の凄《すご》さがわかるのではないでしょうか。

私たちは5本の指がついた手を持っています。生きものが陸へ上がってきてから手ができたんですね。どうやって手ができたかを追いかけていくと、3億8500万年前に生息していたユーステノプテロンという魚のヒレのなかに、私たちの腕《うで》の根元にあるものと同じ骨がありました。3億7500万年前のティクターリクになると、原始的な手首と考えられる小さな骨があります。さらに3億6000万年前のアカンソステガは初期の四足動物ですが、なんと指が8本もありました。

また、初期の魚類にはアゴがありませんでした。無顎類《むがくるい》と呼ばれています。私が研究をはじめた頃《ころ》イタリアの教科書を読む機会があり、そこには「まず最初にアゴのない魚がいました。でも、アゴがなければ口のなかに流れ込んでくるプランクトンを食べるしかない。そこでアゴのある有顎類が出現します。アゴがあれば、自分で獲物《えもの》を獲《え》ることができます。アゴができたことで積極的に生きることになったのです」と書いてありました。

それを読んだとき、初めて「アゴってすごいんだな」と思いました。お腹《なか》がすいたら追いかけていってパクッと食べることができるのですから。アゴを獲得《かくとく》したことで、魚類の生き方そのものが大きく変わったのです。

アゴは、魚の体の前方にあるエラから生まれたもの。そして、魚のアゴの神経は、なんと私たち人間のアゴの神経とまったく同じなのです。魚の中でエラから神経ができてきてアゴになり、さらに現在の人間へと向かう進化がはじまったのです。

このように、生きものは新しいことにどんどんチャレンジして、自分たちの世界を広げてきました。20世紀は「機械と火の時代」でしたから、多大な火（エネルギー）を費やして、原子力発電所をつくりました。コンピュータや携帯《けいたい》電話も急速に浸透《しんとう》しています。もちろん、これは決して悪いことではありませんし、否定するつもりはありません。（中略）

私は、21世紀は「生命と水の時代」にならなければいけないと考えています。21世紀は生きものと水についてよく考えたい。生きものがチャレンジしてきた工夫をもう一度探したい。そして、自然の一部である人間がそれをよく学んで、これまでとは違《ちが》う角度から新しい技術をつくっていくことがとても大切だと思います。

人間は、生きもののなかでもっとも新しい存在です。しかし、味覚はチョウと同じ細胞《さいぼう》を使っています。古いものを上手に生かしながら生きものは多様化してきたわけです。生きものに学ぶべきことは、とても多いと思います。

機械と生きものの違いを考えてみます。

機械は「構造と機能」がわかればOKです。しかし生きものはそうはいきません。たとえばアリを理解しようと思ったとき、アリをバラバラに分解しても本質はわかりません。そのアリはどのようにして今の姿になったのか。38億年の歴史とほかの生きものたちとの関係を読み解かない限り、ほんとうの意味でアリを理解したことにはならないのです。

もう一つ付け加えると、機械はどれも均一にすることが大事ですが、生きものはどれだけ多様になるかが大切です。

追求することも違います。機械は利便性を追い求めますが、生きものは「つづいていくこと」（継続《けいぞく》性）を重視します。生活がどんなに便利で豊かでも、人類という種が途絶《とだ》えてしまったら意味がありません。「つづく」ということの意味を考える必要がありそうです。

生きものの研究が、「生きているとはどういうことなのか」を調べていくには土台となる生命論的世界観が必要なのです。

生きものの一員として、自分がどう生きていくかを決めて、どういう社会をつくっていくと暮らしやすいかを考える。そして、その社会を実現するために必要な科学技術を考える——。これが科学の本来の順序なのですが、今の社会は逆です。まず技術ありき。しかも技術の前に、経済ありきなんです。社会と生活と思想がないから「どう生きるか」という部分が抜《ぬ》け落ちています。

38億年前に生まれた小さな細胞からさまざまな生きものが生まれ、ときどき絶滅《ぜつめつ》の危機に瀕《ひん》したけれど乗り越《こ》えて、そうするうちに＊霊長類《れいちょうるい》の仲間から二本足で立つちょっと変わった生きもの＝ヒトが誕生しました。生きものは何千万種も存在しますが、ほかの生きものは人間のように高度な文明を持った社会をつくることはできません。

人間は、20世紀に大きなビルが建ち並び、その間を電車や自動車が走り、飛行機が空を飛び、コンピュータが至るところで使われる、そういう社会をつくってきました。

人間が脳など独自の能力を生かしたことはとても重要です。だからこそ、このような社会をつくることができたのですから。それを否定しませんが、でも人間は自然の一部であるということを忘れてはいけないのです。

（中村桂子《なかむらけいこ》「私のなかにある38億年の歴史」『科学は未来をひらく〈中学生からの大学講義〉3』〈ちくまプリマー新書〉より・一部略）

*エポックメイキング…新しい時代を開くほど画期的な様子。

*霊長類…ヒトを含《ふく》めたサルの仲間の総称《そうしょう》。

問1 ——線部「これ」とあるが、どのようなことを指し示しているか。主語を明らかにして、「こと。」につながるように、十五字以上、二十五字以内で書きなさい。

こと。

問2 ［　］の部分を引用することの効果は何か。最も適切なものを、次の**ア**～**エ**から一つ選び、記号で答えなさい。

ア 生きものの上陸が魚類の独自な進化を急速に推し進めたことを示唆《しさ》している。

イ 生きものの行為《こうい》が古くて保守的だと思われがちであったことを裏づけている。

ウ 生きものの新たな挑戦《ちょうせん》が生きものの世界を広げてきたことを印象づけている。

エ 生きものの進化の凄《すご》さが初期の四足動物の指からわかることを強調している。

（　　）

問3 本文の構成や展開のしかたについて述べたものとして最も適切なものを、次の**ア**～**エ**から一つ選び、記号で答えなさい。

ア 進化の過程に関する具体的な数値を示すことで、海に最初の生命体が生まれた要因を考察し、「生きものの上陸」の必要性を訴《うった》えている。

イ 生きものの進化に関する解説を示すことで、人間とほかの生きものとの関係を明らかにし、生きものに学ぶことの重要性を訴えている。

ウ 生きものと機械の共通点を示すことで、機械論的世界観による文明の在り方を認め、経済の発展を支えた先端《せんたん》技術の利便性を訴えている。

エ 高度な技術の欠点の具体例を示すことで、「機械と火の時代」であった20世紀を否定し、「生命と水の時代」の実現性を訴えている。

（　　）

1 文章の構成と展開をつかむ
2 事実と意見を読み分ける
3 要旨をつかむ

問4 本文は、これからの社会や人間、科学技術の在り方について書かれている。あなたは科学技術を活用してどのような社会をつくっていきたいと考えるか。あなたの考えを、次の1、2の条件に従って書きなさい。

条件
1 具体的な科学技術を例に取り上げて書くこと。
2 二百四十字以内で書くこと。

2 説明的文章

事実と意見を読み分ける

STEP 01 要点まとめ

（　）に当てはまる言葉を書いて、内容を確認しよう。

➡解答は別冊05ページ

POINT 1 形式段落ごとの要点をつかむ。

のように、形式段落ごとに、中心となる内容を述べた部分を見つけ、それを短くまとめる。表にすると、次のようになる。

1	2	3
01（　　　）は、東京の言葉が基本になっているが、東京の言葉は都会に住む人間の間で生まれた言葉なので、02（　　　）が足りない。	雪の多い新潟県では、03（　　　）に関する語彙が非常に発達している。	雪の生活が非常に長い地方では、雪の降り方によって、雪にいろいろな04（　　　）をつけている。それらの言葉は、05（　　　）はいけない貴重な言葉である。

次の文章を読んで、下のポイントを確かめよう。

1　共通語というものは、大体東京の言葉が基本になっている。東京の言葉が万能ならば文句はないのだが、そうとも言えない。東京の言葉というのは、東京という都会に住んでいる人間の間に生まれた言葉であるために、どうしてもきめ細かい表現が足りないのである。

2　日本中で雪が最も降ると言われる新潟県へ行くと、雪に関する語彙《ごい》が非常に発達している。まず、秋、高い山の上に雪が降る。これをダケマワリと言う。次に、平地にも、だんだんいろいろな種類の雪が降ってくる。その中で灰のようなのはコナヨキ、それから水分をよけいに帯びたのはミズヨキ、大きなのがジャリヨキ、綿のようなのがワタヨキ、ねばっこいかどうかは知らないがモチヨキと言われるものもある。いろいろな種類の雪が降るが、それにみんな名前がついているところが見事だ。新潟県下の人は、冬になると毎日降り方の違《ちが》った雪を見て、この雪は当分降り続くであろうとか、すぐにとけるであろうとか、経験で推量する。だからそういったもの

の一つ一つに名前が必要になる。（中略）

③ 雪の生活が非常に長い地方では、雪の降り方を見て、一つ一ついろいろな名前をつけている。こういった言葉はその地方になくてはならないものであり、いくら共通語が盛んになったからといって、これをなくしてしまうことはできない。またなくしてはいけない貴重な言葉である。

④ 南の方に行くと、例えば鹿児島県あたりは、カツオの漁が盛んなのでカツオにいろいろな名前がついている。昔、渋沢敬三《しぶさわけいぞう》氏という実業家が『日本魚名の研究』という魚の名前についての本を書いている。それによると、鹿児島県ではカツオというものについて、いろいろこまかい分析《ぶんせき》をしていて、目方が三＊斤《きん》以下のものをガラ、五・五斤以下のものをショウバン、八斤以下のものをチュウバン、一〇斤以下のものをダイバン、一二斤以下をトビダイ、一二斤以上のものをトビビダイと呼ぶ。カツオについてこれだけ名前がついているということは、カツオという魚が、その場所で生活する人にとって非常に重要なためであろう。（中略）

⑤ こういうことから東京という都会に発達した言葉だけでは、東京以外の人の生活を言い表すための言葉は当然足りなくなってしまう。共通語というものはもっともっと方言から栄養分を取り入れて、豊かなものにしなければいけないということになる。

（金田一春彦《きんだいちはるひこ》『美しい日本語』〈角川ソフィア文庫〉より・一部略）

＊斤…尺貫法《しゃっかんほう》による重量単位。一斤は約六〇〇グラム。

④	カツオの漁が盛んな鹿児島県あたりでは、その目方によって、（06　　）にいろいろな名前がついている。これだけの名前があるのは、そこで生活する人にとって、カツオが（07　　）なためであろう。
⑤	こういうことから、共通語はもっと（08　　）から栄養分を取り入れて、（09　　）なものにしなければいけない。

▼「こういうことから」のような、前の部分の内容を指して、それを根拠《こんきょ》とする言葉のあとには、まとめとしての筆者の意見が書かれていることが多い。

POINT 2 形式段落を事実と意見に分け、文章の構成をつかむ。

①〜⑤の形式段落を事実と意見に分ける。

- 筆者の意見〈話題〉……………（10　　）段落
- 意見の根拠となる事実〈具体例〉……（11　　）段落
- 筆者の意見〈主張〉……………（12　　）段落

STEP 02 基本問題

文章を読み解くうえでの注意点をチェックし、問題を解こう。

↓解答は別冊05ページ

次の文章を読んで、下の問いに答えなさい。

1 言葉遣《ことばづか》いに配慮《はいりょ》することは、相手を思いやる気遣いから生まれます。言葉は「形」ですが、その元にある心遣いが、重要なのです。

2 ❶適切な言葉遣いができる「会話の達人」になるためには、やはり努力の積み重ねが必要です。その第一歩は、言葉遣いに意識的になること。自分の言葉はもちろんのこと、他人の言葉遣い、書物やメディアなどに出てくる表現も意識することです。そして、特に人とやりとりする中から大いに学び、改善すべきところは改善し、分からないことは辞書などで調べるなどして、言葉遣いを磨《みが》くことです。

3 言葉遣いを良くするためには、やはり敬語の使い方がポイントになります。

4 敬語といっても、丁寧《ていねい》語、尊敬語、謙譲《けんじょう》語、また丁重《ていちょう》語、美化語という分類もあり、使い方のルールや仕組みがあります。これらを身に付けていく上で大切なことは、❷二つの基本を押《お》さえておくことです。

5 第一に、敬語はモノや行為《こうい》を敬うのではなく、あくまで人を敬う表現であるということです。そして、第二に、

ヒント
1・2段落で、「適切な言葉遣いができる『会話の達人』」になるためにはどのような「努力」が必要か、筆者の考えを述べている。「相手を思いやる気遣い」「心遣い」に加えて、実際にすべき「努力」について具体的に説明している。

注意
「そして」は、ここでは「その第一歩は」に続いて〝そして、その次は〟という意味。

ヒント
3段落で言葉遣いを良くするポイントは「敬語の使い方」だと述べ、4段落で敬語を身に付けるために大切なのは「二つの基本」を押《お》さえておくことだと述べている。（5段落は、以下に述べていく内容の導入ともなっている。）

問1 ——線部❶「適切な言葉遣いができる『会話の達人』」になるために努力すべきこととして、筆者が挙げている二つのことを、十三字と九字で書き抜《ぬ》きなさい。

問2 ——線部❷「二つの基本」とあるが、ここでは何のための「基本」か。次の（　）に当てはまる言葉を書きなさい。

（　　　　）ための基本。

問3 □に当てはまる言葉として最も適切なものを、次の**ア**〜**エ**から一つ選び、記号で答えなさい。

ア 相手への敬意を表すための表現

イ 人々の立場や役割を明確に示すための表現

1 文章の構成と展開をつかむ
2 事実と意見を読み分ける
3 要旨をつかむ

ヒント
5段落では、「二つの基本」を、「第一に、〜」「第二に、〜」として挙げている。
また、「第一」についての説明・具体例を6・7段落で述べ、「第二」についての説明・具体例を8〜10段落で述べている。

注意
「例えば」は、直前の内容を説明するための具体例を導く語。

ヒント
9段落では、二つのことを述べている。
・「敬語で距離を保つ」ということ。
・「距離」の変化とそれに伴《ともな》う言葉遣いの変化。

ヒント
10段落の「……そういう聡明さも備えたいものです」という、筆者の考えを見逃《みのが》さないようにする。

敬語は［　　］であるということです。

6 第一の点について、例えば「お洋服」と言いますが、これは服を敬って言っているのではなく、持ち主を敬っている表現です。また、行くの尊敬語で「いらっしゃる」と言いますが、これも行くという行為ではなく、行為する人を敬っている表現です。

7 「あなたのお洋服」とは言っても、「お前のお洋服」とは言いません。「先生がいらっしゃる」とは言っても「あいつがいらっしゃる」とは言いません。これは、主語と述語の不整合というよりも、〝お前〟とか〝あいつ〟呼ばわりする人は、そもそも敬っていないので、その持ち物や動作なども敬語の対象にはならない、ということです。

8 第二の点ですが、敬語は、敬うべき人に対してだけ使うものではなく、❸対等・水平の関係の人に対しても用います。敬語の本質は、相手との距離《きょり》を保つことにあるのです。

9 例えば初対面の人には、まずは互《たが》いに敬語を使って会話します。これは、知らない者同士、なれなれしくしてはいけない間柄《あいだがら》ですから、敬語で距離を保つわけです。そして、学校でも職場でも近所でも、親しくなるにつれて、うち解けた言葉遣い、敬語を使わない会話へと変化していきます。

10 〝です・ます調〟の言葉遣いを、そんなに早くやめていいのか、あるいは、これ以上続けてよいものか、よく相手や周囲の状況《じょうきょう》を考えてタイミングを計る、そういう聡明《そうめい》さも備えたいものです。

（北原保雄《きたはらやすお》『日本語の常識アラカルト』〈文春文庫〉より）

ウ　相手と良好な関係を築くための表現
エ　人と人との距離を保つための表現

（　　）

問4 ――線部❸「対等・水平の関係の人」に対する敬語の使い方について、筆者は使い方をどのように考えて決めていくとよいと述べているか。「相手との距離」という言葉を使って、六十字前後で書きなさい。

STEP 03

実戦問題

学習内容が身についたか、問題を解いてチェックしよう。

↓解答は別冊05ページ

目標時間 30分

次の文章を読んで、あとの問いに答えなさい。〈島根県・改〉

「こんな自分、イヤだ」

そんな思いが込《こ》み上げてくることがあるだろう。だれにでもあることだ。今の自分に納得がいかない。

小さい頃《ころ》は、そんなことはあまり思わなかったはずだ。もちろん、苦手なことはあっただろう。たとえば、球技が苦手だなと思ったり、引っ込み思案で友だちづきあいが下手な自分を意識したりすることもあっただろう。でも、自分が嫌《きら》いだとか、自分がイヤだなんて思うことはあまりなかった。それなのに、最近は、「自分がイヤだ」と思う。青年期になると、そんな思いを抱《いだ》きがちだ。

自分がイヤだと思うようになるのは、自分がだらしなくなったとか、ダメになってきたということではない。言ってみれば、「見られている自分」がダメになってきたのではなくて、「見ている自分」が成熟してきたのだ。自分自身を厳しい目で見るようになったために、自分の現状に納得できなくなったというわけだ。

ある意識調査によれば、小学五年生に「自分のことが好きか」と尋《たず》ねると、半数以上が「好き」と答える。「嫌い」というのは一割にも満たない。だが、中学三年生では、「好き」が三割程度に減り、「嫌い」が二割に増える。同じく小学五年生に「自分に満足か」と尋ねると、半数以上が「満足」と答え、「不満」というのは一割に満たない。ところが、中学三年生では、「満足」が二割と大幅《おおはば》に減り、「不満」が半数近くになる。

このように、❶児童期には自分が好きで自分に満足していたのに、青年期になるにつれて、自分が嫌いという人が増え、自分に不満という人が急激に増えていく。このことは、まさに自分を見る目が厳しくなってきたことの証拠《しょうこ》といえる。自分に対する要求水準が高まるため、なかなか自分の現状に納得できないのだ。

ただ何となく生きてきたのが児童期だとすると、青年期になると「こうありたい自分」というものを意識するようになる。それを「理想自己」という。現実の自分を「現実自己」という。児童期には現実自己をただひたすら生きていた。ところが、青年期になると、理想自己というものを思い描《えが》くようになり、現実自己を理想自己と比較《ひかく》するようになる。そこで、理想自己にまだまだ届かない現実の自分を意識せざるを得ないため、自分に満足しにくくなるというわけだ。

理想自己の形成には、青年期になると抽象《ちゅうしょう》的思考ができるようになることが関係している。そのため、具体的な行動と結びついた理想自己だけでなく、抽象的な価値観と結びついた理想自己ももつようになる。

たとえば、「日曜日は野球をして遊びたい」「サッカーがもっと上手になりたい」「テストでもっと良い成績が取れるようになりたい」というような具体的な目標をもつだけでなく、「もっと自分に自信がもてるようになりたい」「こんな退屈《たいくつ》な日々から脱出《だっしゅつ》したい」「自分が生きてるっていう実感がほしい」などといった抽象的な目標を意識するようになる。

具体的な目標と違《ちが》って、このような❷抽象的な目標になると、その達成のためにどうしたらよいのかがわからない。

日曜日に野球をして遊びたいというのであれば、ふだん野球を一緒《いっしょ》にしている仲間に声をかければいい。サッカーがもっと上手になりたいのなら、時間をつくって練習に励《はげ》めばいい。いきなり上手になるわけではないけれど、練習をすればするほど少しずつでも上達していくはずだ。テストでもっと良い成績を取りたいなら、試験勉強をしっかりやればよい。すぐに報われるとは限らないが、地道に勉強することができれば、着実に成績は向上していくだろう。このように、具体的目標の場合は、そのために頑張《がんば》るべき方向性は明確だ。

抽象的な目標の場合はどうだろう。もっと自分に自信がもてるようになるためには、いったいどうすべきなのか。退屈な日々から脱するために、できることって何だろう。生きているっていう実感を得るために、果たして何をすべきなのか。いくら考えても、なかなか答《こたえ》は見つからない。

今の自分にどこか納得がいかない。でも、どうすればよいのかがわからない。ここに産みの苦しみがある。*第二の誕生という課題を前にして、どんな自分になったら納得できるのかが見えてこない。そこで、ますます自分が気になってくる。

そんな*不全感を抱《かか》えた状態は、けっして気分の良いものではない。方向性を見つけて、こんな苦しい状態から何とか脱したい、早くスッキリしたいと思うかもしれない。でも、❸今の自分に納得がいかないからといって、自分を否定する必要はない。

自己の二重性を思い出してみよう。「見られている自分」に対して納得のいかない「見ている自分」がいるわけだ。その「見ている自分」は、適当に流されている自分にも不満をもたなかった以前の自分と比べて、はるかに向上心に満ちた自分と言えるだろう。そんな自分は、けっして否定すべきものではない。むしろ肯定《こうてい》し、応援《おうえん》すべきなのではないだろうか。

（榎本博明《えのもとひろあき》『〈自分らしさ〉って何だろう？』〈ちくまプリマー新書〉より）

*第二の誕生という課題…「自分とは何か」について自分なりの考えを見出《みいだ》すという課題。

*不全感を抱えた状態…今の自分に納得がいかないが、どんな自分になれば納得がいくのかもわからない状態。

問1 ——線部❶「児童期には自分が好きで自分に満足していたのに、青年期になるにつれて、自分が嫌《きら》いという人が増え、自分に不満という人が急激に増えていく」について、次の(1)・(2)に答えなさい。

新傾向

(1) ここで筆者が伝えようとしていることをグラフで示す場合、どのような内容と形式のグラフを用いるのがよいか。最も適切なものを次の**ア**〜**エ**から一つ選び、記号で答えなさい。〔　　〕

ア

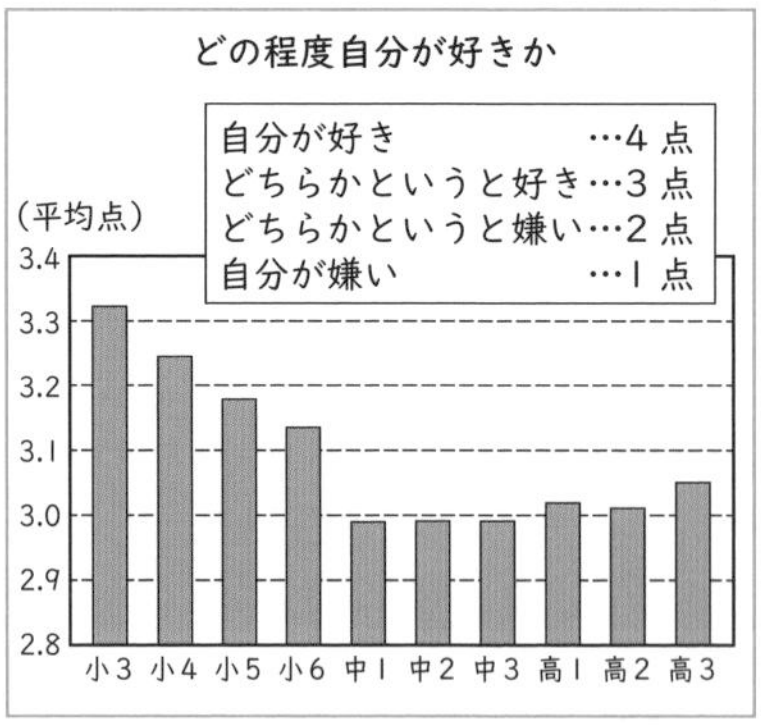

イ

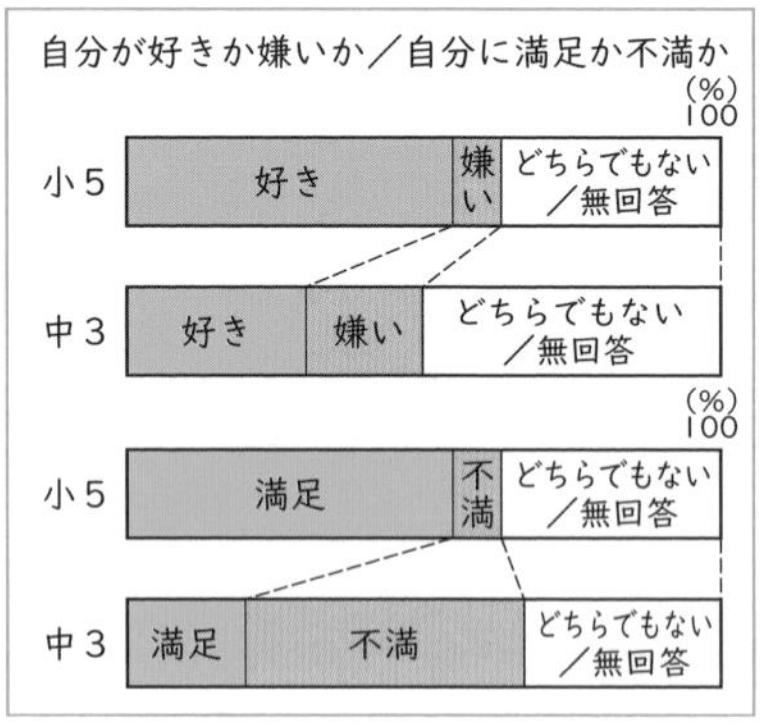

ウ

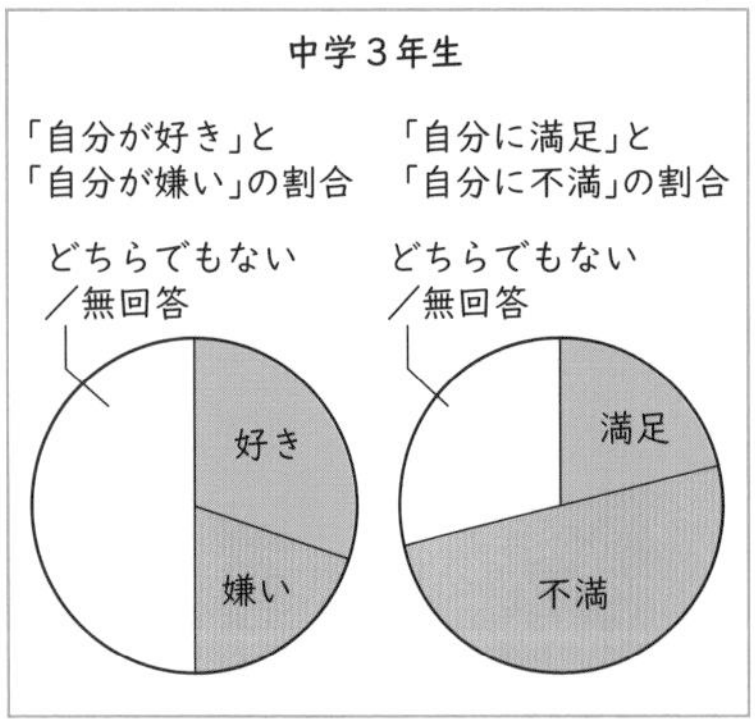

エ

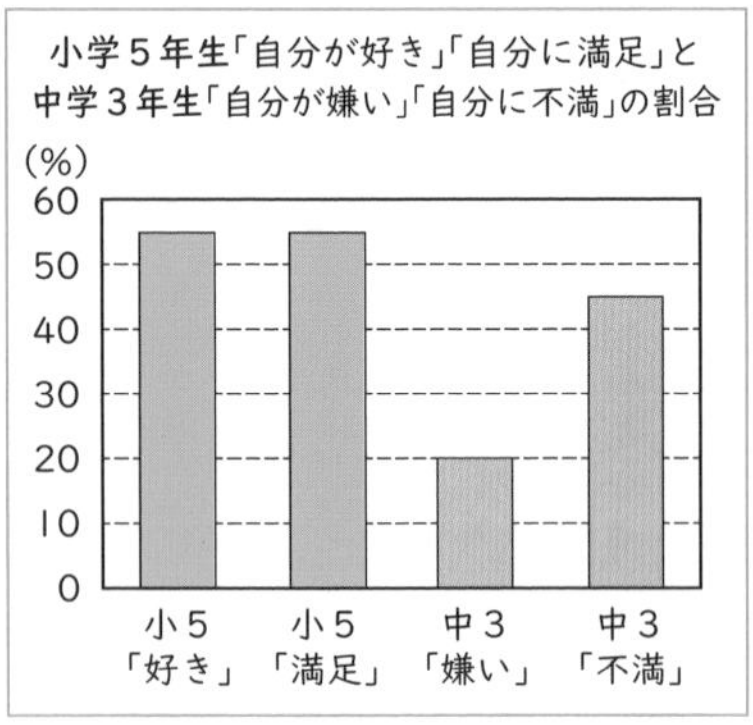

(2) ——線部❶のようになるのは、青年期になると、意識の上でどのような変化が起こるからか。次の形式に合うように、三十五字以上、四十五字以内で書きなさい。

青年期になると、現実の自分を生きるだけでなく、
（　三十五字以上、四十五字以内　）から。

問2 ——線部❷「抽象《ちゅうしょう》的な目標になると、その達成のためにどうしたらよいのかがわからない」とあるが、これとは対照的な内容を表す部分を本文中から三十字以内で探し、初めと終わりの三字を書き抜《ぬ》きなさい。

□□□～□□□

問3 ——線部❸「今の自分に納得がいかないからといって、自分を否定する必要はない」とあるが、それでは筆者はどうすればよいと言っているか。三十字以上、四十字以内で書きなさい。

問4 本文における構成や表現の工夫について説明したものとして当てはまらないものを、次の**ア**～**エ**から一つ選び、記号で答えなさい。

ア 意識調査の結果を提示し、分析《ぶんせき》することで、自分の考えを裏付けている。

イ 野球やサッカーという中高生の日常生活に合わせた具体例を用いて説明している。

ウ 中高生の悩《なや》みや不安を推し量り、寄り添《そ》いながら、読者に語りかけている。

エ 冒頭《ぼうとう》で中高生の悩みをいくつか指摘《してき》し、その一つ一つに対して解決法を述べている。

〔　　〕

要旨《ようし》をつかむ

STEP 01 要点まとめ

（　）に当てはまる言葉を書いて、内容を確認しよう。

↓解答は別冊06ページ

次の文章を読んで、下のポイントを確かめよう。

次の文章は、地球に危機をもたらす重大事でありながら、先送りされている問題について、具体的な根拠《こんきょ》を挙げながら述べたものである。

クリアーだし現に目の前にあるのに、それがじわじわっときている危険だと、危険としてすぐさま対応することなく、まぁいいか、と放置していることが多い。戦争や交通事故で死ぬのはサドン・デス（突然死《とつぜんし》）だから、それをもたらす危険は「今そこにある」ものとして、対処も具体的に考えられる。だが、スロー・デス（緩慢死《かんまんし》）をもたらす危険は、今日明日すぐにはどうってことはないので、先送りしがち。その典型に、生態系の破壊《はかい》や生物多様性の崩壊《ほうかい》がある。

地球上の生物は、空気、水、土といった無機的な環境《かんきょう》の中から、太陽の光の力を借りて生まれる。生まれた生物はやがて死んだり、別の生物に食べられる。その生物もまた死んだり食べられたりする。死んでも食べられても、生物は分解され、やがてもういちど無機的環境へと帰っていく。こういう大きなシステムのことを、生態系

POINT 1 文章中に繰《く》り返されているキーワードをとらえる。

文章中で、同じ言葉や似た言い回しをしている部分に注目する。

- 「生態系の破壊」「生物多様性の崩壊」
- 「生物多様性の危機」「生物多様性を破壊」

キーワード

筆者は、対処が 01（　　　　）されがちな危険として、これらのことを挙げている。

POINT 2 キーワードの具体的な内容を読み取る。

生態系の破壊

- 地球は巨大な 02（　　　　）であり、巨大に循環する 03（　　　　）をいとなむが、近代化・産業化によってそれが切断、寸断されており、やがてシステムそのものが壊れかねない。

1 文章の構成と展開をつかむ
2 事実と意見を読み分ける
3 要旨をつかむ

（ecosystem）という。地球は巨大《きょだい》な生命体、というわけである。

無機物から有機物を生み、また無機物に帰り、それがまた有機物を生む、という巨大に循環《じゅんかん》する自然のサイクルを、地球はいとなむ。

ところが、自然を変えに変えてしまう近代化・産業化が進むにつれて、このサイクルがあちこちで切断、寸断されるようになった。こんなことをつづけていると、やがてはこのシステムそのものが壊《こわ》れ、その中にある人間も絶滅《ぜつめつ》するぞ、という、気の遠くなるような、しかし「今そこにある」確かな危険が、生態系の破壊である。

その破壊ぶりが目に見えるかたちであらわれたのが、生物多様性の危機。地球には、まだ知られていない種《しゅ》もふくめてざっと一千万種の生物がいると見られている。種の絶滅は自然に起こることもあるが、一九世紀には年に一種だったのが、一九七五年には年に一千種、最近では年に四万種も絶滅しているという話もあって、いずれにしてもただごとではない。

地球が生態系である以上、地球が生命を生みだし育む力、さらにはその中で生物が周囲の環境に適応して進化していく力は、生物が多様に存在していてはじめて発揮できる。生物多様性を保全しなければならないという課題は、絶滅生物がかわいそうだとか、二度と見られなくなるので残念だといったのんきな話ではない。人間社会が近代化・産業化をすすめて生物多様性を破壊し、生物の一員である自分の首を絞《し》めはじめているのである。

（森英樹《もりひでき》『国際協力と平和を考える50話』〈岩波ジュニア新書〉より）

生物多様性の危機

●地球上にいるとされる約一千万種の生物が、最近では年に四万種も04（　　）しているという話もある。

POINT 3　何を根拠に、どんなことを主張しているかをつかむ。

最終段落の主張のもとになっていることは何かということから考える。

根拠

●「地球が05（　　）を生みだし育む力、さらにはその中で生物が周囲の環境に適応して06（　　）していく力は、生物が多様に存在していてはじめて発揮できる」

↓

主張

●「07（　　）を保全しなければならない」

筆者は、目に見えづらい、生態系の破壊という地球の危機に対処するためには、目に見えるかたちであらわれる生物多様性の08（　　）をしていかなければならないことを、強く主張している。

STEP 02 基本問題

文章を読み解くうえでの注意点をチェックし、問題を解こう。

↓解答は別冊06ページ

次の文章を読んで、下の問いに答えなさい。

1 *幸島《こうじま》のニホンザルは四方を海に囲まれた小島に暮らしていながら、まったく海に入らなかった。イモ洗いで水に親しむようになってからも、せいぜい足や手をぬらす程度だった。海は大変危険な所で、一度その中に入ったらひどい目に遭《あ》うということが、かれらの体に染《し》みついていたからである。

2 □ある日、二歳《さい》になるエゴと名付けられたメスが、海に撒《ま》かれた餌《えさ》を拾うために、勇敢《ゆうかん》にも水の中へ飛び込《こ》んだのである。❶この才女のサルこそ幸島の水泳ザルの*パイオニアであった。やがて他のサルたちもエゴに続けとばかり、餌を拾うために海へ入るようになった。海という未知の世界に飛び込むのは冒険《ぼうけん》であったが、それを乗り越《こ》えたがために、かれらの世界が広がったわけである。

3 興味のあることは、若いサルたちはやがて餌を拾うために入るのではなく、海に入ること自体の面白さを発見した。ことに夏の日盛りにこの紺碧《こんぺき》の海に入ると、涼《すず》しくて気持ちのよいことを知り、今度は岩からダイビングするスリリングな遊びも覚えた。そして泳ぐだけでなく、そのう

くわしく
*幸島…宮崎県の南岸の日南《にちなん》海岸国定公園内にある、周囲約四キロメートルの小島。

ヒント
□の前では、幸島のサルがこれまで「まったく海に入らなかった」、あとでは、「ある日」、エゴというメスが「水の中へ飛び込んだ」という反対のことが述べられている。

ヒント
「才女」はすぐれた才能のある女性という意味。どんなことを指して、すぐれた才能だといっているのか。

くわしく
*パイオニア…開拓《かいたく》者。

注意
「それ」は直接的には「冒険」を指すが、内容的には冒険に伴《ともな》う恐《おそ》れの気持ちを指している。

問1 □に当てはまる言葉として最も適切なものを、次の**ア**〜**エ**から一つ選び、記号で答えなさい。

ア だから　**イ** なぜなら
ウ ところが　**エ** そのうえ

（　　）

問2 ――線部❶「この才女のサル」とあるが、筆者がこのメスのサルを「才女」というのはなぜか。次の（　）に当てはまるように書きなさい。

（　　）ことをたたえる気持ちから。

問3 2〜4段落で対比されているのは、何と何の行動か。次の（　）に当てはまる言葉を書き抜《ぬ》きなさい。

（　　）と、
（　　）。

1 文章の構成と展開をつかむ
2 事実と意見を読み分ける
3 要旨をつかむ

ちに潜《もぐ》ることも覚え、時には海底から藻《も》をつかんできたりするようにもなった。海は、かれらの生活に広がりと豊かさを与《あた》えてくれたのである。

4 だが、年寄りのオトナのサルたちは決して海へ入ろうとしなかった。かれらは保守的で、もはや未知の世界へ挑《ちょう》戦《せん》する欲求を失っていた。あえてそんな危険を冒《おか》さなくとも、今の生活に安住する道をかれらは選んだ。海が危険だということが強く体に染みついた身には、海に入るなどという冒険はとんでもないことなのだ。イモ洗いにしろ、ムギ洗いにしろ、新しい行動を開発したのは全て少年少女のサルだった。そして、年取ったオトナはそれを拒否《きょひ》した。❷これは人間世界でも同じことがいえる。

5 いつの時代にも冒険は若者の特権であった。そして未知の世界を探り、未知のことを調べていくこと、そこには必ず危険がつきまとい、また保守的な力がその伸張《しんちょう》を阻止《そし》するが、若者たちは自分の力でそれを克服《こくふく》し、広い広い世界へ羽ばたいてきたのである。若者たちにはそれを可能にする力が、元来備わっているのである。

6 過不足のない人生を歩み、安全な世界に浸《ひた》る未来も悪くはないが、そこからわずかでも踏《ふ》み出せば、広大な楽しい世界が開けるであろう。学問の道でも同じことがいえる。自分がもっている独自の資質を伸《の》び伸びと発揮することこそが、創造力を生み出す源泉である。

（河合雅雄《かわいまさを》『学問の冒険』〈岩波書店〉より）

注意
「だが」などの逆接の接続語で段落と段落をつなぎ、海（水）に対するサルたちの態度の違《ちが》いを対比している。

ヒント
——線部❷の「これ」は、この一文より前の4段落の内容を指している。この一文でサルの世界の説明を人間世界に置き換《か》えて、5段落以降の説明へとつなげている。

ヒント
筆者が若者に「〜ほしい。」と、望んでいることをまとめる。この文章のキーワードは、「危険」「未知」「冒険」「保守的」など。

問4 ——線部❷「これは人間世界でも同じことがいえる。」とあるが、どういうところがサルの世界と人間の世界で同じだというのか。本文中の言葉を使って書きなさい。

問5 筆者の主張について、次のようにまとめた。次の□に当てはまる内容を、「危険」「未知」の二語を使って、二十五字以内で書きなさい。

● 若者には、□ほしい。そうすれば、広大な楽しい世界が開けるだろう。これは学問の世界においても同様である。

STEP 03

実戦問題

学習内容が身についたか、問題を解いてチェックしよう。

↓解答は別冊06ページ

目標時間 30分

次の文章を読んで、あとの問いに答えなさい。〈宮崎県・改〉

[1] 私たちヒトは、古来、生物から多くのことを学んできた。ヒトがその適応進化の途上《とじょう》で獲得《かくとく》した知能は、「生物から学ぶ」あるいは「生物を模倣《もほう》する」ことにおいて、特に優れているといってよいだろう。

[2] ヒトが生物のつくりだす造形の美しさや趣《おもむき》や精巧《せいこう》さに、古来つねに心を動かしてきたことは、生命の姿を模倣、もしくは象徴《しょうちょう》化した膨大《ぼうだい》な考古学的遺物がものがたる。狩猟《しゅりょう》対象としたさまざまな動物の生態を描《びょう》写《しゃ》した新石器時代の洞《どう》くつ画、マンモスの牙《きば》に彫《ほ》られた「泳ぐトナカイ」のみごとな生態彫刻《ちょうこく》、古くから伝わる舞踊《ぶよう》における動物の所作の模倣などが、その例である。

[3] そして、生物の適応戦略*を技術に応用したのが、バイオミミクリーである。bioは「生物」、mimicryは「模倣」を意味し、それは、生態系*サービスとはまた別のかたちで、生物が人類に与《あた》えてくれる恩恵《おんけい》である。

[4] その例をいくつかあげてみよう。

白露《しらつゆ》に風の吹《ふ》きしく秋の野は
つらぬきとめぬ玉ぞ散りける
（文屋朝康《ふんやのあさやす》　後撰集《ごせんしゅう》）

と百人一首に選ばれた和歌にも詠《うた》われてアいるように、草におく露、葉上の水玉は、古来人々の詩情を誘《さそ》ってきた。最近では、ハイテク技術によって、水をはじく葉の表面構造をまねた、水をはじきやすい傘《かさ》などの雨具が開発されている。

[5] 鳥をまねた舞《ま》いは、古くから世界中で舞われたイようだ。最近では、群れて飛ぶ鳥が、たがいにぶつからず、群れ全体がまるで一つの生き物ウのように移動できるのはなぜかを、簡単な原理で説明するボイド（Ｂｏｉｄ）理論が開発され、車の自動運転などの技術への応用が検討されている。

[6] 新幹線の車両にも、鳥に学ぶ技術が使われている。フクロウは、獲《え》物《もの》に気づかれることなく音をたてずに飛ぶ。その秘密は、羽根の前方についた、くし状の細い毛が、大きな空気の渦《うず》をつくりにくくしていることにある。その構造をまねたパンタグラフ（車両の上に取りつける集電装置）が、騒音《そうおん》の防止に役立っている。

[7] ゴボウやオナモミは、実についているかぎ状のとげが、動物の毛にひっかかることで、動物に「ヒッチハイク*」して種子を分散する。私たちの生活で日常的に使われているマジックテープ（面ファスナー）は、ゴボウの実の戦略にヒントを得て開発されたものである。

[8] このように、生物は、ヒトにとっても有用なあらゆる「戦略」のヒントを与えてくれる。

[9] 生物や生物がつくるシステムは、すばらしい造形や色彩《しきさい》や動きや音色で私たちを魅了《みりょう》し、私たちの精神に強い作用をおよぼし、芸術の源泉

1 文章の構成と展開をつかむ
2 事実と意見を読み分ける
3 要旨をつかむ

ともなってきた。

⑩ だが、生物の絶滅《ぜつめつ》は、これまで述べてきた「生命の知恵《ちえ》」や「生命の技」のみならず、「生命の作品」ともいうべき膨大で貴重な情報を、私たちがそれを解明し、認識し、利用し、楽しむひまなく、永久に失わせてしまう。

⑪ 文化財や文化遺産は、その歴史的価値から保存への努力がなされる。文化遺産よりもはるかに長い歴史のなかで、必然と偶然《ぐうぜん》の結果としてうみだされた生物多様性とそこに蓄積《ちくせき》されている膨大な「情報」。それを現代の一部の人々の短期的な経済的利益と引きかえに、永久に失わせることほどおろかなことはないだろう。

⑫ こうした、生物がもっている、知と技と美とあらゆる戦略に関する情報の宝庫を後の世代の人たちに残すためには、生物多様性の保全が必要である。そして、生物多様性の保全にも、また活用にも、それに心を動かし、読み取る感性と知性が欠かせない。

（鷲谷《わしたに》いづみ『〈生物多様性〉入門』〈岩波ブックレット〉より）

＊戦略…生態学の用語では、「生物が、環境《かんきょう》や何らかの目的に合った形や性質を持つこと」という意味。
＊生態系サービス…きれいな水や空気など、生態系が人間社会に与えてくれる利益。
＊ヒッチハイク…通りかかった車を止めて、無料で乗せてもらうこと。

問1 次の□の中の文章は、④段落にある和歌について説明したものである。（ア）～（ウ）に当てはまる適切な言葉を書きなさい。ただし、（ア）は二十字以内で書き、（イ）、（ウ）は、和歌の中から書き抜《ぬ》くこと。

> この歌は、秋の野の景色を詠《よ》んでいる。上《かみ》の句にある「白露に風の吹きしく」は、（**ア**）様子を描《えが》いたものである。下《しも》の句では、（**イ**）を（**ウ**）に見立て、糸で通していない宝石の美しくこぼれ散る様子が、上の句の情景と二重写しになって、読む者に鮮《あざ》やかな印象を与えてくれる。

ア

イ〔　　〕

ウ〔　　〕

問2 次の文の～～線部の「ような」と、意味・用法が同じものを、本文中の～～線部**ア**～**ウ**から一つ選び、記号で答えなさい。

思うに希望とは、もともとあるものともいえぬし、ないものともいえない。それは地上の道のようなものである。（魯迅《ろじん》「故郷」）

〔　　〕

問3 ——線部「バイオミミクリー」とあるが、次の表は、「バイオミミクリー」について、本文の内容を整理したものである。（**ア**）、（**イ**）に当てはまる適切な言葉を、それぞれ十五字以内で書きなさい。

生物の「戦略」	➡ 人間の「応用」
水をはじく葉	水をはじきやすい雨具
ぶつからずに群れて飛ぶ鳥	自動運転できる車
（**ア**）	（**イ**）
動物の毛にひっかかるゴボウの実	くっつけたり離《はな》したりできるマジックテープ

ア

イ

問4 9段落は、文章全体の中で、どのような役割を果たしているか。最も適切なものを次の**ア**～**エ**から一つ選び、記号で答えなさい。

ア 8段落までの内容を離れて、新たな話題を取り上げ、独自の視点から論を発展させていく役割。

イ 8段落までの内容に関して、その趣旨《しゅし》を改めて示し、筆者の主張へと論を展開させていく役割。

ウ 8段落までの内容に対して、根拠《こんきょ》を明らかにして反論し、文章全体の結論へと導いていく役割。

エ 8段落までの内容に即《そく》して、具体例を挙げて説明し、それまでの論の正しさを強調していく役割。

〔　　〕

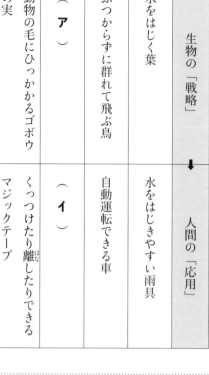

1 文章の構成と展開をつかむ
2 事実と意見を読み分ける
3 要旨をつかむ

問5 本文で筆者が述べたかったことを、下のグラフから読み取れる「生物（種）の絶滅《ぜつめつ》」の現状にも触《ふ》れながら、**百五十字以内**でまとめて書きなさい。

※数値を使う場合は、例にならって書くこと。

例 0.5 → 〇・五　300 → 三百

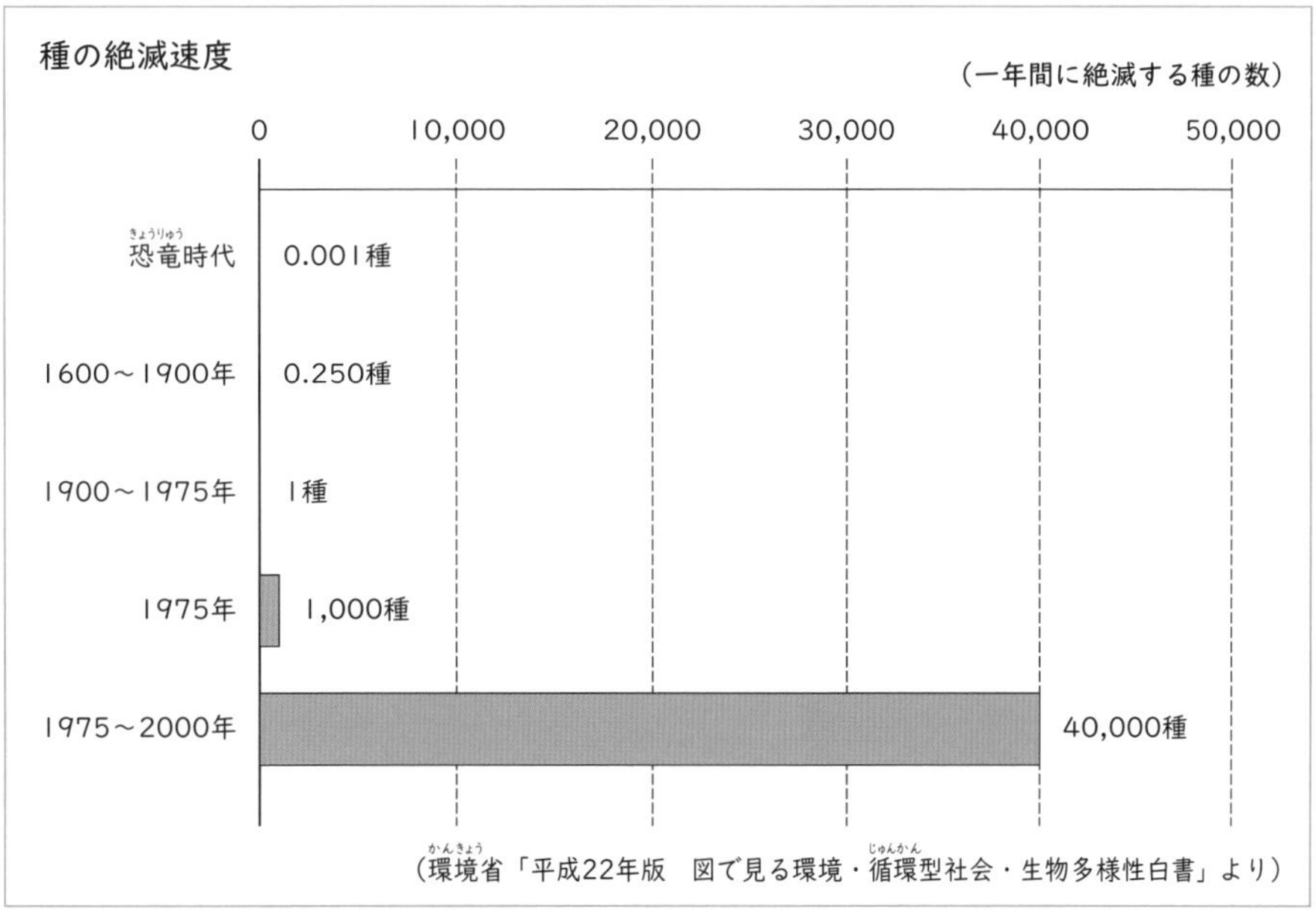

（環境省《かんきょう》「平成22年版　図で見る環境・循環型《じゅんかん》社会・生物多様性白書」より）

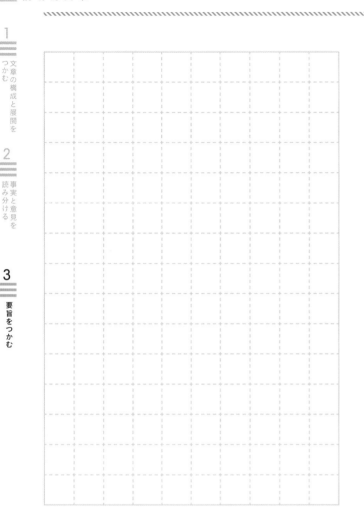

漢字のチェック②

高校入試によく出る漢字に挑戦《ちょうせん》しよう。

↓解答は別冊19ページ

1 ――線部の漢字の読み方を書きなさい。

(1) 新緑が目に鮮やかだ。
(2) 適切な処置を施す。
(3) 教会から厳かな曲が流れる。
(4) 苦戦を強いられる。
(5) 将来は医療《いりょう》に携わる仕事がしたい。
(6) 新しい任地に赴く。
(7) 祖母は体裁を気にする。
(8) 神社で学業成就を祈《いの》る。
(9) 人工知能は著しい進歩を遂《と》げている。
(10) 人形を上手に操る。
(11) 駅の混雑が緩和する。
(12) 家庭的な雰囲気のレストラン。
(13) 音楽で気が紛れる。
(14) 命令に従うことを拒む。
(15) 友達とゲームの話が弾む。
(16) 両チームの力は均衡している。
(17) 練習で培った技を本番に生かす。
(18) 対戦相手の顔を凝視する。
(19) 重要な役割を担う。
(20) 若いので経験に乏しい。

2 ――線部のカタカナを漢字で書きなさい。

(1) 街でグウゼン友達に会った。
(2) 野菜をシュウカクする。
(3) シンコクな悩《なや》みを打ち明ける。
(4) 状況《じょうきょう》をハアクする。
(5) キョクタンに暑い一日。
(6) 暴力をハイジョする。
(7) 科学の進歩にコウケンする。
(8) ハトは平和のショウチョウだ。
(9) 注意をカンキする。
(10) 決定的シュンカンをとらえる。
(11) 絶好のキカイを逃《のが》す。
(12) シャワーをアびる。
(13) ラグビーのミリョクに取りつかれる。
(14) バクゼンとした不安を感じる。
(15) 情勢をブンセキする。
(16) 地球のカンキョウを守る。
(17) 自信をソウシツする。
(18) 投稿《とうこう》が新聞にケイサイされる。
(19) シコウサクゴを重ねる。
(20) 研究のリョウイキを広げる。

詩・短歌・俳句編

1

表現をとらえる

表現をとらえる

STEP 01 要点まとめ

（　）に当てはまる言葉を書いて、内容を確認しよう。

↓解答は別冊07ページ

次の詩を読んで、下のポイントを確かめよう。

落葉松《からまつ》　北原白秋《きたはらはくしゅう》

一

からまつの林を過ぎて、
からまつをしみじみと見き。
からまつはさびしかりけり。
たびゆくはさびしかりけり。

二

からまつの林を出《い》でて、
からまつの林に入《い》りぬ。
からまつの林に入りて、
また細く道はつづけり。

三

からまつの林の奥《おく》も
わが通る道はありけり。
*霧雨《きりさめ》のかかる道なり。
山風のかよふ道なり。

*山風のかよふ……山風の吹《ふ》きぬける。

POINT 1 詩の形式をつかむ。

例　からまつの（五音）　林を過ぎて、（七音）
からまつを（五音）　しみじみと見き。（七音）

「見た」という意味の文語。

● 「落葉松」の詩は、各行の音数や各連の行数が一定であり、文語体を用いていることから、01（　　　）詩である。

● この詩は、一行が五音と七音から成り、02（　　　）調のリズムをもつ。

POINT 2 主な表現技法をつかむ。

「落葉松」の詩には、**対句《ついく》法**・**押韻《おういん》**・**反復法**などの表現技法が用いられ、流れるようなリズムと強い印象を生んでいる。

例　からまつは　さびしかりけり。
たびゆくは　さびしかりけり。

「～は……けり」という構成。

四

からまつの林の道は
われのみか、ひともかよひぬ。
ほそぼそと通ふ道なり。
*さびさびといそぐ道なり。

五

からまつの林を過ぎて、
*ゆゑしらず*歩みひそめつ。
からまつはさびしかりけり、
からまつとささやきにけり。

六

からまつの林を出でて、
*浅間嶺《あさまね》にけぶり立つ見つ。
浅間嶺にけぶり立つ見つ。
からまつのまたそのうへに。

七

からまつの林の雨は
さびしけど*いよよ*しづけし。
*かんこ鳥鳴ける*のみなる。
からまつの濡《ぬ》るるのみなる。

八

世の中よ、あはれなりけり。
*常なけどうれしかりけり。
山川に山がはの音、
からまつにからまつのかぜ。

*さびさびと…寂《さび》しげに。
*ゆゑしらず…理由はわからないが。
*歩みひそめつ…ひっそり歩いた。
*浅間嶺…浅間山。
*いよよ…いっそう。　*しづけし…静かだ。
*かんこ鳥…カッコウ。
*のみなる…だけである。
*常なけど…はかなく移り変わるけれど。

（北原白秋『白秋全集 4』〈岩波書店〉より）

●構成の似た語句や文を並べる。→03（　　）法

例
からまつの……　……けり。
からまつを……　……なり。
頭韻《とういん》　脚韻《きゃくいん》

●行の初めや終わりに同じ音を置く。→04（　　）

●「からまつ」などの同じ語句を繰《く》り返す。→05（　　）法

※表現技法には、ほかに「**倒置《とうち》法**」「**比喩《ひゆ》**（**直喩《ちょくゆ》・隠喩《いんゆ》・擬人《ぎじん》法**）」「**体言止め**」などもある。

POINT 3 詩の情景・作者の心情をつかむ。

●**情景**…「からまつ」の繰り返しから、からまつの林がどこまでも06（　　）情景が思い浮《う》かぶ。

●**心情**…情景や語句に暗示された内容から、作者の心情をつかむ。

例
たびゆくはさびしかりけり。
ほそぼそと通ふ道なり。
さびさびといそぐ道なり。

「さびしかりけり」「ほそぼそと」「さびさびと」など、似た意味の言葉が使われている。

この詩では、からまつ林の情景そのものの寂しさと、作者自身の07（　　）が重ね合わせられている。また、最終連で、「世の中よ、あはれなりけり。／常なけどうれしかりけり。」とうたわれており、作者は、この世ははかなく移り変わるけれど、さまざまな情趣《じょうしゅ》や喜びがあると感じている。

STEP 02

基本問題

文章を読み解くうえでの注意点をチェックし、問題を解こう。

↓解答は別冊07ページ

注意 本文中に何度も出てくる「孤独」「集まり」などの言葉に注意して読む。

ヒント 「二者合一」という言葉は、直前の「この」が指す、段落内の内容を一言で言い表したものである。

くわしく *西行…平安時代後期から鎌倉《かまくら》時代にかけての歌人。

ヒント 句切れは、歌の流れが切れて、意味のうえで「。」が付けられるところ。

ヒント 「淋しさに耐えている人」の心を何と表現しているかとらえる。

次の文章を読んで、下の問いに答えなさい。

たしかに詩歌は宇宙の闇黒《あんこく》の中で輝《かがや》き始める星の子どものように孤独《こどく》な人間の心の奥底《おくそこ》で産声《うぶごえ》をあげる。これは洋の東西を問わず詩歌と名のつくすべてに当てはまることだろう。ところが、西洋の詩歌はそれ以外の何ものでもないが、日本の詩歌、中でも俳句や短歌は人々の集まりの中で詠《よ》まれてきた。

俳句や短歌が孤独な心から生まれ、同時に人々の集まりの中で生まれるということは互《たが》いに相容《あいい》れぬことのようにきこえるかもしれないが実のところは何の矛盾《むじゅん》もない。❶この二者合一の境地をみごとに言い表《あら》わしている*西行《さいぎょう》の歌がある。

さびしさに堪《た》へたる人の又《また》もあれないほりならべん冬の山ざと　　西行

私と同じように淋《さび》しさに耐《た》えている人がもう一人いたら訪ねてくる人もまれなこの冬の山里に庵《いおり》を二つ並べて暮らしたいという歌である。いつも仲間と一緒《いっしょ》にいて淋しさなど味わう暇《ひま》もない賑《にぎ》やかな人ではなく、淋しさの味を知り

問1 ——線部❶「この二者合一」の内容を説明している三十二字の部分を本文中から探し、初めと終わりの四字を書き抜《ぬ》きなさい。

□□□□〜□□□□

問2 「さびしさに」の短歌について答えなさい。

(1) この短歌は何句切れか。漢数字で書きなさい。

（　　）句切れ

(2) この短歌は、短歌の定型より一音多い三十二音からできている。このような歌を何といいますか。

（　　）

問3 [A]に当てはまる言葉を、本文中から書き抜きなさい。

（　　）

尽《つ》くしている人とこそ友だちになりたいというのである。

西行の歌は孤独な心から別の［A］な心へ送られる書信であった。それは西行と友という二つの孤独な心があって初めて生まれる。

『おくのほそ道』の長旅を終えた翌々年の初夏、芭蕉《ばしょう》が京の嵯峨《さが》にあった去来《＊きょらい》の隠宅落柿舎《いんたくらくししゃ》で静養中に詠んだ句は西行のこの歌を心において詠まれている。

うき我をさびしがらせよ❷かんこどり　芭蕉

「かんこどり」は漢字で書けば閑古鳥《かんこどり》、郭公《かっこう》のことである。閑古鳥が鳴く淋しさといえば客足が遠のいた店のようなさびれた状態のことであり、あまりいい意味ではないが、芭蕉はその閑古鳥に向かって、のどかな嵯峨の隠《かく》れ家《が》でもの憂《う》く日々を過ごす自分をもっと［B］とおどけている。西行が友とするに足ると歌った「さびしさに堪へたる人」に自分もなりたいというのだろう。

短歌の源である相聞《そうもん》は恋《こい》の孤独に耐えかねた二つの心の間で交わされた和歌のやりとりであったし、俳句の産屋《うぶや》となった連句は「さびしさに堪へたる人」を主客とする連衆《れんじゅ》の座で成り立つものであった。日本の詩歌の二つの大きな流れである和歌と俳諧《はいかい》、そのどちらも孤独な心とその集まりという異質な二つの要素が縦糸と横糸になって織りなしてきた言葉の織物なのである。

（長谷川櫂《はせがわかい》『俳句的生活』〈中公新書〉より）

くわしく

＊去来…向井《むかい》去来。芭蕉の弟子の一人。

ヒント

「かんこどり（郭公）」が表す季節を知らなくても、芭蕉が去来を訪ねた季節からわかる。

ヒント

俳句の途中《とちゅう》や末尾《まつび》にあって、言い切る働きをする字を切れ字という。俳句では切れ字のあるところが、句切れになっている。切れ字には「や・かな・けり・なり」などがある。

- 初句切れ
  五／七・五
- 二句切れ
  五・七／五
- 句切れなし
  五・七・五

ヒント

第二段落と、最終の段落に、筆者の主張が最も簡潔に述べられている。本文中で繰《く》り返されている言葉を使ってまとめる。

問4 「うき我を」の俳句について答えなさい。

(1) ――線部❷「かんこどり」のように、俳句の中で季節を表す言葉を何というか。また、「かんこどり」が示している季節を本文中から漢字一字で書き抜きなさい。

（　　　）・（　　　）

(2) この俳句の句切れとして最も適切なものを、次のア～ウから一つ選び、記号で答えなさい。

ア 初句切れ　**イ** 二句切れ　**ウ** 句切れなし

（　　　）

問5 ［B］に当てはまる言葉を書きなさい。

（　　　）

問6 筆者は上の短歌や俳句を例にして、どのような意見を述べているか。四十字以内で書きなさい。

STEP 03

実戦問題

学習内容が身についたか、問題を解いてチェックしよう。

↓解答は別冊07ページ

目標時間 30分

新傾向

1 **次の文章を読んで、あとの問いに答えなさい。**〈宮崎県・改〉

佐藤《さとう》さんは、卒業式で答辞をよむことになりました。そこで、佐藤さんのクラスでは、答辞をよりよいものにしようと、生かしてほしい題材をカードに書いて持ち寄り、佐藤さんが作成した答辞の構成案をもとに、話し合うことにしました。

▼佐藤さんが作成した答辞の構成案

（1〜7は、話し合いのため、内容のまとまりごとにつけた番号です。）

1 はじめに
2 思い出Ⅰ（中学校入学の頃《ころ》）
3 思い出Ⅱ（修学旅行・部活動など）
4 三年間で学んだこと（努力の大切さ）
5 これからの決意（夢の実現）
6 感謝の言葉
7 おわりに

▼題材を書いたカード（一部）

A

けふもまたこころの鉦《かね》をうち鳴《な》らしうち鳴らしつつ❶あくがれて行く

若山牧水《わかやまぼくすい》

B

月日は百代の過客にして行きかふ年もまた旅人なり。舟《ふね》の上に生《しょう》涯《がい》を浮《う》かべ、馬の口とらへて老いを迎《むか》ふる者は、日々旅にして、旅を栖《すみか》とす。古人《こじん》も多く旅に死せるあり。

予もいづれの年よりか、片雲の風に誘《さそ》はれて、漂泊《ひょうはく》の思ひやまず、海浜《かいひん》にさすらへ、去年《こぞ》の秋、江上《こうしょう》の破屋《はおく》に蜘蛛《くも》の古巣をはらひて、やや年も暮れ、……

（「おくのほそ道」松尾芭蕉《まつおばしょう》）

C

紙風船

黒田三郎《くろださぶろう》

落ちて来たら
今度は
もっと高く
もっともっと高く
何度でも
打ち上げよう
美しい
願いごとのように

（『黒田三郎著作集Ⅰ　全詩集』〈思潮社〉より）

▼話し合いの様子（一部）

佐藤　卒業する私たちの、思いを込《こ》めた答辞にしたいと思っています。

みなさんが持ってきてくれた題材を紹介《しょうかい》してください。

井原　私が答辞に生かしてほしいと思う題材は、Aの短歌です。郷土の歌人である若山牧水の歌は、今も多くの人々に愛されています。学校の図書館で借りた本の中に、彼《かれ》は、生涯旅を愛し、あこがれの心を持って生きた人だと書いてありました。

内山　実は、私も井原さんと同じような思いで、Bの文章を持ってきました。国語の授業で習った松尾芭蕉も、旅にあこがれ、旅に生きた人です。人生は、旅のようなものだとよく言われますよね。

佐藤　卒業という旅立ちにあたり、これからも夢やあこがれを持って生きていきますという、私たちの決意を伝えることにもなりますね。

山下　私は、構成案の5の部分で、ぜひCの詩を生かしてほしいと思っています。この詩は、[　　]という抽象《ちゅうしょう》的なものが、紙風船という具体的なものと結びつくことで、読む人に鮮《あざ》やかなイメージを与《あた》えてくれます。紙風船を何度でも打ち上げようとすること、それこそが、生きていく上で大事なことなのだと思います。

佐藤　私たちも、これからどんな困難に直面しようと、自分の目標を見失うことなく、生きていきたいですよね。

清水　もっと短い言葉で、題材になるものがあるといいな。

江川　芭蕉の句の中で、桜を見るたび、私が口ずさむ句があります。「さまざまのこと思ひ出す桜かな」という句です。❷答辞の中で、使ってみてはどうでしょうか。

佐藤　良い句ですね。私たちにぴったりです。

青田　一・二年生のみなさんにも、これまで出会った言葉の中から、学校生活を送る上で、メッセージになるような言葉を、最後に贈《おく》ることができるといいだろうな。構成案の5の終わりに入れてみてはどうですか。

佐藤　なるほど。良いアドバイスをありがとうございます。

問1　――線部❶「あくがれて」とあるが、旅に対する「あくがれ」という意味で使われている言葉を、Bの文章の中から、五字以内で書き抜《ぬ》きなさい。

問2　[　　]に当てはまる言葉を、Cの詩の中から書き抜きなさい。

問3　――線部❷「答辞の中で、使ってみてはどうでしょうか。」とあるが、あなたならこの句を、構成案のどの箇所《かしょ》で使うか。構成案の1～7から一つ選び、番号で答えなさい。また、その箇所で使うことの効果について、「効果がある。」につながるように、三十五字以内で書きなさい。

・構成案の番号（　　）

・効果

効果がある。

2 次の詩とその解説文を読んで、あとの問いに答えなさい。〈滋賀県・改〉

生命《いのち》は

生命は
自分自身だけでは完結できないように
つくられているらしい
花も
めしべとおしべが揃《そろ》っているだけでは
不充分《ふじゅうぶん》で
虫や風が訪れて
めしべとおしべを仲立ちする
生命は
その中に欠如《けつじょ》を抱《いだ》き
それを他者から満たしてもらうのだ

世界は多分
他者の総和
しかし
互《たが》いに
欠如を満たすなどとは
知りもせず
知らされもせず
ばらまかれている者同士
無関心でいられる間柄《あいだがら》
ときに
うとましく思うことさえも許されている間柄
そのように
世界がゆるやかに構成されているのは
なぜ？

花が咲《さ》いている
すぐ近くまで
虻《あぶ》の姿をした他者が
光をまとって飛んできている

私も　あるとき
誰《だれ》かのための虻だったろう

あなたも　あるとき
私のための風だったかもしれない

生命というものは、自己に同意し、自己の思い通りに振舞《ふるま》っている末には、ついに衰滅《すいめつ》してしまうような性質のものなのではないでしょうか。その安易な自己完結を破る力として、ことさら、他者を介入《かいにゅう》させるのが、生命の世界の維持《いじ》原理なのではないかと思われます。

もしも、このような生命観が見当違《ちが》いでないとすれば、生命体はすべてその内部に、それ自身だけでは完結できない「欠如」を抱いており、その欠如を「他者」によって埋《う》めるよう、自己を運命づけている、ということができそうです。

他者なしでは完結することのできない生命、そして、おたがいがおたがいにとって必要な他者である関係、これは、もしかしたら生命の世界の基本構造なのではないか――これが私の帰結だったのです。

いうまでもなくこの構造は人間をふくんでいます。つまり私も、或《あ》るとき、或る人にとっての虻や蜂《はち》や風であり、或る人の幸・不幸の結実を知らずに助けたり、また私の見知らぬ誰かが、私の結実を助けてくれる虻や蜂や風なのです。

この「他者同士」の関係は、おたがいがおたがいのための虻や風であることを意識しない関係です。ここがいいのです。他者にたいして、一々、礼を言わなくてもいい。恩に着せたり、また、恩に着せられたりということがありません。

世界をこのように作った配慮《はいりょ》は、実に巧妙《こうみょう》で粋《いき》なものだと私はつくづく思います。ひとつの生命が、自分だけで完結できるなどと万が一にも自惚《うぬぼ》れないよう、すべてのものに欠如を与《あた》え、欠如の充足を他者に委ねた自然の*摂理《せつり》の妙を思わないわけにはいきません。私は今日、どこかの誰かが実るための虻だったかなと想像することは、楽しいことだと思うのですが、どうでしょうか。

（吉野弘《よしのひろし》『詩の楽しみ』〈岩波ジュニア新書〉より）

*摂理…自然界を支配している道理、法則。

問1 ――線部「このように作った」とあるが、どのように作ったと筆者は考えているか。詩の中の言葉を使って、「作った。」につながるように、三十字以内で書きなさい。

作った。

問2 ＝＝線部「誰かのための虻」の役割を筆者はどのように述べているか。解説文から、「すること。」につながるように、二十字以内で書き抜《ぬ》きなさい。

すること。

問3 この詩について説明したものとして最も適切なものを、次の**ア**〜**エ**から一つ選び、記号で答えなさい。

ア 常識に反する内容を断定的に書くことで、巧妙で神秘的な生命の世界を賞賛しようとしている。

イ 多くの事例を提示することで、自分自身で完結する生命への非難をわかりやすく表現している。

ウ 読み手に疑問を投げかけるかたちで、世界のゆるやかなしくみへの感嘆《かんたん》の気持ちを表している。

エ 科学的な事実をもとにして、互いに無関心な生命の世界のあり方に対し強く警告を発している。

〔　　〕

漢字のチェック③

高校入試によく出る漢字に挑戦《ちょうせん》しよう。

↓解答は別冊19ページ

1 ――線部の漢字の読み方を書きなさい。

(1) ストライキの影響《えいきょう》で貨物が滞る。
(2) 勝利の喜びに浸る。
(3) テーブルを隔てて向かい合う。
(4) 食事の支度を手伝う。
(5) 両手で荷物を抱える。
(6) 和洋折衷の住宅を建てる。
(7) 人口減少の傾向《けいこう》が顕著だ。
(8) 巧みな包丁さばきに感心する。
(9) 兄は服装に凝るタイプだ。
(10) 持続可能な開発目標を掲げる。
(11) 冒険《ぼうけん》には危険が伴う。
(12) 風情のある庭園を散策する。
(13) 水面下で反乱を企てる。
(14) 自由を享受する。
(15) 出遅《でおく》れても慌てる必要はない。
(16) 会釈して通り過ぎる。
(17) 厄介な問題が起きる。
(18) 被害《ひがい》を最小に抑える。
(19) 休日は専らスポーツを楽しむ。
(20) 怠惰な生活を改める。

2 ――線部のカタカナを漢字で書きなさい。

(1) 駅からジュンカンバスに乗る。
(2) 祖父の声にはトクチョウがある。
(3) 旧態イゼンとした方法。
(4) 最先端《さいせんたん》の技術をクシする。
(5) レバーをソウサしてクレーンを動かす。
(6) 困難をコクフクする。
(7) 企画《きかく》のイトを説明する。
(8) 壮大《そうだい》な景色にアットウされる。
(9) 計画をシンチョウに進める。
(10) 一切のダキョウを許さない。
(11) 姉は朝からキゲンが良い。
(12) メンミツな計画を立てる。
(13) 世相をハンエイする。
(14) キミョウな現象が起こる。
(15) 使い捨てのフウチョウを見直す。
(16) ジュンスイな心の人。
(17) 試合の前はキンチョウする。
(18) コウカイ先に立たず。
(19) ヒタイから汗《あせ》が流れる。
(20) 混雑をサけて通る。

漢字・語句編

漢字の知識

STEP 01 要点まとめ

（　）に当てはまる言葉を書いて、内容を確認しよう。

⬇解答は別冊08ページ

1 漢字の成り立ち

●**象形文字**…物の（01　　　）を描《えが》いた絵からできたもの。

例 山・魚・日・鳥・雨

●**指事文字**…絵や形では表せない**抽象《ちゅうしょう》的**な物事を、点や（02　　　）を用いて指し示したもの。

例 上・下・一・二・本

●**会意文字**…**二つ以上**の既成《きせい》の漢字を（03　　　）て一つの文字とし、新しい意味を表したもの。

例 男（田＋力）・明（日＋月）

POINT

●**形声文字**…**形**＝（04　　　）を表す文字と、**声**＝（05　　　）を表す文字を組み合わせて一つの漢字とし、新しい意味を表したもの。漢字全体の九割を占《し》める。

例 枝（木＋支）・銅（金＋同）

2 部首

●**部首**…複数の漢字が共通してもち、（06　　　）の上から漢字を分類するもとになるもの。

POINT

●**部首の種類**…大きく七つに分類できる。

1 **偏**《へん》は、漢字の**左側**に付く。　例 亻（にんべん）

2 **旁**《つくり》は、漢字の（07　　　）に付く。　例 刂（りっとう）

3 **冠**《かんむり》は、漢字の（08　　　）に付く。　例 宀（うかんむり）

4 **脚**《あし》は、漢字の**下部**に付く。　例 ⺗（したごころ）

5 **垂**《たれ》は、漢字の（09　　　）に垂れる。

例 厂（がんだれ）・广（10　　　）

6 **繞**《にょう》は、漢字の**左から下部**に付く。

例 廴（11　　　）・辶（しんにょう・しんにゅう）

7 **構**《かまえ》は、漢字の（12　　　）を囲む。

例 勹（つつみがまえ）・囗（13　　　）

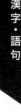

3 筆順・画数

●**筆順**…漢字を構成する（14　　）や画を書く順序のこと。筆順には、次のような原則があるが、原則以外の筆順もある。

1 上から下へ書く。
例 三→一 二 三

2 左から（15　　）へ書く。
例 川→丿 川 川

3 縦画と横画が交わるときは、（16　　）を先に書く。
例 土→一 十 土

4 中と左右に分かれる字は、（17　　）の画を先に書く。
例 小→亅 小 小

5 外側の囲みは（18　　）に書く。
例 同→丨 冂 冂 冋 同 同

6 左払《ひだりばら》いと右払いが交わるときは、左払いを先に書く。
例 文→丶 亠 ナ 文

7 全体を貫《つらぬ》く縦画や横画は（19　　）に書く。
例 中→丨 冂 口 中

8 左払いと横画が交わるときは、二つの書き方がある。
①左払いが短い字は、（20　　）を先に書く。
例 右→ノ ナ 才 右 右
②左払いが長い字は横画を先に書く。
例 左→一 ナ ナ 左 左

●**画数**…漢字を**ひと続き**に書く線や点を（21　　）、一つの漢字に使われている画の（22　　）を画数、または（23　　）という。

4 音と訓・送り仮名

●**音読みと訓読み**…漢字には、中国での発音に近い読み方で読む（24　　）読みと、漢字のもつ意味に対応する**日本語の言葉**（和語）を、漢字の読みに当てはめた（25　　）読みがある。

POINT
●**熟語の読み方**…漢字二字からなる熟語は、音読みと訓読みを使い分け、組み合わせて読む。

1 音読み＋音読み　例 学習・土地
2 音読み＋訓読み（重箱《じゅうばこ》読み）　例 台所・役場
3 訓読み＋音読み（湯桶《ゆとう》読み）　例 雨具・荷物
4 訓読み＋訓読み　例 刃物《はもの》・足音

●**熟字訓**…漢字がもつ読み方とは関係なく、熟語（26　　）に与《あた》えられた**特別な読み方**のこと。
例 小豆《あずき》・田舎《いなか》・相撲《すもう》

●**送り仮名**…（27　　）読みの漢字に添《そ》えられているもの。送り仮名は、（28　　）する言葉である**動詞・形容詞・形容動詞**の場合には、原則として言葉の形が（29　　）部分から送る。ただし、「美しい」のように語幹が「し」で終わる形容詞は「（30　　）」から送るなどの例外もある。

STEP 02 基本問題

学習内容が身についたか、問題を解いてチェックしよう。

↓解答は別冊08ページ

問1 次の漢字の成り立ちをそれぞれあとの**ア**～**エ**から選び、記号で答えなさい。

(1) 下〔　　〕　(2) 鳥〔　　〕

(3) 品〔　　〕　(4) 固〔　　〕

ア 象形文字　**イ** 指事文字

ウ 会意文字　**エ** 形声文字

問2 次の行書で書かれた漢字の部首名を、それぞれ書きなさい。

(1) 編〔　　〕

(2) 起〔　　〕

(3) 段〔　　〕

(4) 関〔　　〕

要注意 行書で書く場合、部首の点画が省略して書かれていることがあるので、注意しよう。

よく出る

問3 「祖」と同じ部首をもつ漢字を次の**ア**～**エ**から選び、記号で答えなさい。

ア 複　**イ** 神　**ウ** 秘　**エ** 粗　〔　　〕

ヒント 行書で書く場合、「ころもへん」と「しめすへん」は同じ形になる。それぞれの漢字を楷書《かいしょ》に直して、部首の形を確認しよう。

問4 次の漢字の筆順として正しいほうを選び、記号で答えなさい。

(1) 承　**ア**　**イ**　〔　　〕

(2) 遊　**ア**　**イ**　〔　　〕

(3) 第　**ア**　**イ**　〔　　〕

(4) 我　**ア**　**イ**　〔　　〕

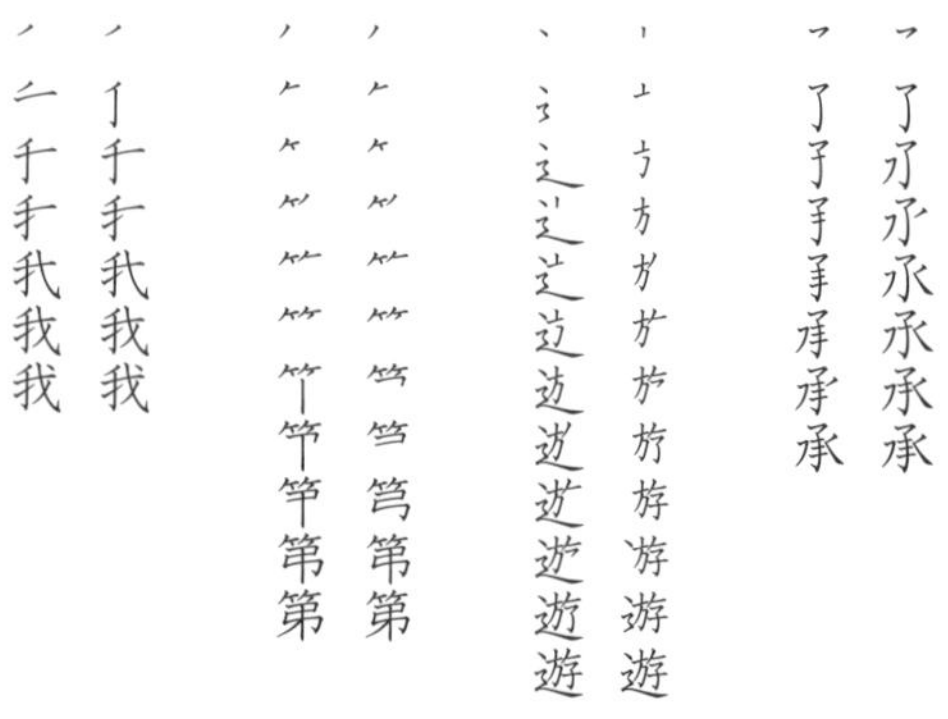

問5 次の漢字を楷書で書く場合、赤線の画は何画目に書くか。算用数字で答えなさい。

(1) 有 〔　　〕　(2) 乗 〔　　〕

(3) 情 〔　　〕　(4) 集 〔　　〕

(5) 風 〔　　〕　(6) 超 〔　　〕

要注意
筆順の原則には当てはまらない漢字もたくさんある。個々の漢字の筆順を確かめておくことが大切だ。

問6 次の漢字と同じ総画数になる漢字はどれか。それぞれあとの**ア**〜**エ**から選び、記号で答えなさい。

(1) 葉
ア 楽　**イ** 歌　**ウ** 象　**エ** 健 〔　　〕

(2) 緑
ア 補　**イ** 察　**ウ** 転　**エ** 新 〔　　〕

問7 次の言葉の――線部の読み方を答えなさい。

(1) これまでの事例を踏襲する。〔　　〕

(2) 山頂付近にある棚田を耕す。〔　　〕

(3) 待ち合わせ時間を勘違いする。〔　　〕

(4) 友人と別れるのが名残惜《お》しい。〔　　〕

(5) この数日、小春日和が続いている。〔　　〕

(6) 本番前は、生きた心地がしなかった。〔　　〕

くわしく
(1)はどちらも音読みで読む熟語。(2)はどちらも訓読みで読む熟語。(3)は上は音読み、下は訓読みで読む熟語。(4)〜(6)は熟字訓の言葉。

問8 次の――線部の言葉を漢字と送り仮名で書きなさい。

(1) 後輩《こうはい》を正しい道にみちびく。〔　　〕

(2) 儀式《ぎしき》がおごそかに行われる。〔　　〕

(3) けわしい山道を登る。〔　　〕

語句の知識

STEP 01 要点まとめ

（　）に当てはまる言葉を書いて、内容を確認しよう。

↓解答は別冊08ページ

1 二字熟語の構成

●**二字熟語の構成**…一つ一つの漢字を（01　　）読みしたり、言葉を補って（02　　）の形にしたりすると、構成がわかることがある。主に次のような構成のものがある。

1 意味が**似ている**漢字を重ねた構成　例　善良・豊富・減少

2 意味が**反対や対《つい》になる**漢字を重ねた構成　例　善悪・表裏

3 上の漢字が下の漢字を（03　　）する構成　例　国旗・晩秋・厳禁

4 下の漢字が上の漢字の**動作の**（04　　）**や対象になる**構成　例　着席・観劇・握手《あくしゅ》

5 上の漢字が**主語**で、下の漢字が（05　　）になる構成　例　国立・市営・腹痛

6 **接頭語**が付いている構成　例　不滅《ふめつ》・無縁《むえん》・未熟

この他に、次のような構成のものもある。

7 （06　　）が付いている構成　例　酸性・緑化・端的《たんてき》

8 **同じ漢字**が重なっている構成　例　人人（人々）・散散（散々）

2 三字・四字熟語の構成

●**三字熟語の構成**…大きく三つの構成に分けられる。

1 二字熟語の**上**に漢字が一字付いた構成　例　短時間

2 二字熟語の**下**に漢字が一字付いた構成　例　共通語

3 それぞれの漢字が（07　　）に並んだ構成　例　市町村

さらに細かく分けると、主に次の四つに分けられる。

1 ①二字熟語の上に（08　　）の**接頭語**が付いた構成　例　不本意・無意識・非公開

②上の一字が下の二字熟語を**修飾《しゅうしょく》**する構成　例　好景気・美意識・手荷物

2 ①二字熟語の下に 09（　　　）が付いた構成
例 簡略化・重要性・肯定的《こうてい》
②上の二字熟語が下の一字を 10（　　　）する構成
例 私有地・専門家・屋根裏

● **四字熟語の構成**…主に六つの構成に分けられる。
1 意味が**似ている**二字熟語を重ねた構成 例 悪戦苦闘《くとう》・日進月歩
2 意味が**反対や対になる**二字熟語を重ねた構成 例 一進一退
3 意味が**反対や対になる**構成の二字熟語を**二つ**重ねた構成
例 古今東西・栄枯盛衰《えいこせいすい》
4 上と下の二字熟語が 11（　　　）・**被修飾**《ひ》の関係か**連続**した関係にある構成 例 暗中模索《もさく》・取捨選択《せんたく》
5 上と下の二字熟語が 12（　　　）・**述語**の関係にある構成
例 本末転倒《てんとう》・用意周到《しゅうとう》
6 四字が 13（　　　）に並んでいる構成 例 東西南北

3 和語・漢語・外来語

● **和語**…**以前から日本に存在していた言葉**で、大和《やまと》言葉ともいわれる。漢字の読み方でいえば 14（　　　）読みにあたるもの。助詞や助動詞も和語。 例 春・話す・美しい・静かだ・は・らしい

● **漢語**…古代に 15（　　　）から**日本に伝来してきた言葉**。漢字の 16（　　　）読みで表されるもの。 例 流行・臨時・人生
また、日本で新たに作られた漢語もあり、特に明治《めいじ》時代以降に作られたものが圧倒的《あっとう》に多い。 例 経済・自由・意識

● **外来語**…17（　　　）以外の外国から日本に流入してきた言葉のこと。明治時代以降に 18（　　　）から流入してきたものが多い。 例 ボール・ミルク・シャツ
また、室町《むろまち》・江戸《えど》時代にポルトガル語・オランダ語から流入したもの（例 タバコ・カルタ）や、もとの語の一部を省略するなどして作った日本製の外来語（例 ボールペン・テレビ）もある。

4 類義語・対義語

● **類義語**…意味の上で 19（　　　）する部分をもつ言葉。①**漢語**の類義語や、②**和語**の類義語などがある。
例 ①案外＝意外　興味＝関心
②ためる＝蓄《たくわ》える　美しい＝うるわしい

● **対義語**…意味が 20（　　　）する言葉。
例 依存《いそん》⇔自立　悪意⇔善意
対義語の種類は、使われている漢字の関係から、次のように分けられる。
1 **一字**が対立しているもの 例 甘口《あまくち》⇔辛口《からくち》
2 **全体**で対立しているもの 例 失敗⇔成功
3 **否定**の 21（　　　）が付くもの 例 安心⇔不安

STEP 02 基本問題

学習内容が身についたか、問題を解いてチェックしよう。

↓解答は別冊08ページ

よく出る

問1 次の二字熟語と、熟語の組み立てが同じものはどれか。あとの**ア**～**エ**から選び、記号で答えなさい。

(1) 抑揚《よくよう》　**ア** 救助　**イ** 急行　**ウ** 平然　**エ** 断続　〔　〕

(2) 繁栄《はんえい》　**ア** 真昼　**イ** 華麗《かれい》　**ウ** 船出　**エ** 互助《ごじょ》　〔　〕

(3) 遅刻《ちこく》　**ア** 温暖　**イ** 観劇　**ウ** 発着　**エ** 多数　〔　〕

(4) 地震《じしん》　**ア** 風雲　**イ** 贈答《ぞうとう》　**ウ** 人造　**エ** 永住　〔　〕

(5) 激突《げきとつ》　**ア** 濃霧《のうむ》　**イ** 宮殿《きゅうでん》　**ウ** 雷鳴《らいめい》　**エ** 未定　〔　〕

(6) 貴社　**ア** 起伏《きふく》　**イ** 授受　**ウ** 御恩《ごおん》　**エ** 兼職《けんしょく》　〔　〕

ヒント

例えば、(1)**ア**「救助」は「救う」と「助ける」、**イ**「急行」は「急いで行く」のように、一字ずつ分けて意味のつながりを確かめてみよう。

問2 次の三字熟語と、熟語の組み立てが同じものはどれか。あとの**ア**～**エ**から選び、記号で答えなさい。

(1) 排気口《はいきこう》　**ア** 自主的　**イ** 松竹梅　**ウ** 人間味　**エ** 向上心　〔　〕

(2) 急斜面《きゅうしゃめん》　**ア** 必需品《ひつじゅひん》　**イ** 好条件　**ウ** 都合上　**エ** 未完成　〔　〕

(3) 真善美　**ア** 別世界　**イ** 蓋然性《がいぜんせい》　**ウ** 雪月花　**エ** 悪循環《あくじゅんかん》　〔　〕

問3 次の文の□に当てはまる漢字を一字ずつ入れ、四字熟語を完成させなさい。

＊自分が当選するとは、まだ半□半□だ。　〔　〕〔　〕

要注意

四字熟語は、構成を問われるよりも、四字熟語の言葉や意味を問われることが多い。構成を念頭に置いた上で、いろいろな四字熟語の意味を覚えておくようにしよう。

問4 次の意味をもつ四字熟語をあとの**ア〜エ**から選び、記号で答えなさい。

(1) 誰《だれ》もが正しいと認める道理・理由。（　　）
ア 傍若無人《ぼうじゃくぶじん》　**イ** 我田引水
ウ 大義名分　**エ** 公明正大

(2) 考えや態度がずっと変わらないこと。（　　）
ア 完全無欠　**イ** 首尾一貫《しゅびいっかん》
ウ 異口同音　**エ** 単刀直入

(3) しっかりした自分の考えがなく、むやみに人の意見に従うこと。（　　）
ア 心機一転　**イ** 厚顔無恥《こうがんむち》
ウ 四面楚歌《しめんそか》　**エ** 付和雷同《ふわらいどう》

問5 次の言葉に当てはまるものをあとの**ア〜エ**から選び、記号で答えなさい。

(1) 帰省（　　）　(2) 稲光（　　）
(3) 外出中（　　）　(4) 土産話（　　）
(5) 孝行息子（　　）　(6) 為替市場（　　）

ア 和語　**イ** 漢語
ウ 和語＋漢語　**エ** 漢語＋和語

要注意
漢字を訓読みするものが和語、音読みするものが漢語である。三字・四字熟語の場合は、和語と漢語の組み合わせのものもありうることに注意しよう。

問6 次の――線部の言葉の類義語を答えなさい。

(1) 友人の励《はげ》ましの言葉に、とても感動する。（　　）
(2) 母は午後から買い物に出かけていて、留守だ。（　　）
(3) 市内で屈指《くっし》の観光スポットは、古い街並みだ。（　　）
(4) 円滑《えんかつ》な人間関係のために、時には我慢《がまん》が必要だ。（　　）

くわしく
類義語には、(1)〜(4)のようにそのまま言い換《か》えられるものもあるが、微妙《びみょう》に意味合いが異なり、言い換えられないものもある。

問7 次の言葉の対義語を含《ふく》む一文を、それぞれあとの**ア〜エ**から選び、記号で答えなさい。

(1) 歓喜《かんき》（　　）
ア 失敗して今後を悲観する。
イ 長年の悲願を達成する。
ウ 人生の悲哀《ひあい》を味わう。
エ 悲壮《ひそう》な決意を示す。

(2) 総合（　　）
ア 顧客《こきゃく》に個別に対応する。
イ 事故の原因を分析《ぶんせき》する。
ウ 内容を詳《くわ》しく解説する。
エ データを解析する。

STEP 03

漢字・語句編

実戦問題

学習内容が身についたか、問題を解いてチェックしよう。

↓解答は別冊09ページ

目標時間 30分

問1 次の行書で書かれた漢字について、下の文章の□(1)～(3)に当てはまる語句を答えなさい。((2)は算用数字で答えなさい。)

源

> この漢字の部首は(1)で、総画数は(2)である。なお、漢字の成り立ちとしては、音を表す部分と意味を表す部分を組み合わせた(3)文字である。

(1)〔　　〕　(2)〔　　〕

(3)〔　　〕

問2 次の行書で書かれた漢字について、総画数がこれよりも少ないものを下の**ア**～**オ**からすべて選び、記号で答えなさい。

複

ア 維　**イ** 暖　**ウ** 無

エ 誇　**オ** 慣

〔　　〕

問3 次の――線部の言葉の読み方を答えなさい。

(1) あの教授は清廉な人物だ。〔　　〕

(2) 凡庸な生き方を嫌《きら》う。〔　　〕

(3) 相手の話に大仰に驚《おどろ》く。〔　　〕

(4) 説明に脈絡をつける。〔　　〕

問4 次の――線部の言葉を、漢字と送り仮名で書きなさい。

(1) 弱点をおぎなう工夫をする。〔　　〕

(2) キャプテンがチームをひきいる。〔　　〕

(3) 学者が新説をとなえる。〔　　〕

(4) おさない妹の世話をする。〔　　〕

問5 次の文中の□に当てはまる三字熟語はどれか。(1)あとの**ア**～**エ**から選び、記号で答えなさい。(2)また、その三字熟語の構成をあとの**ア**～**エ**から選び、記号で答えなさい。

＊両国の間で、□の駆《か》け引きが行われた。

(1) **ア** 実社会　**イ** 外交上　**ウ** 未開発　**エ** 判断力

(2) **ア** 二字熟語の上に否定の接頭語が付いた構成。
イ 上の一字が下の二字熟語を修飾《しゅうしょく》する構成。
ウ 二字熟語の下に接尾語《せつび》が付いた構成。
エ 上の二字熟語が下の一字を修飾する構成。

(1)（　　） (2)（　　）

問6 次の――線部の様子を表すのに適切な四字熟語はどれか。あとの**ア**～**エ**から選び、記号で答えなさい。

(1) チーム全員が優勝を目指して、ひたすら練習に励《はげ》んだ。
ア 一蓮托生《いちれんたくしょう》　**イ** 一衣帯水　**ウ** 一意専心　**エ** 一期一会
（　　）

(2) 尊敬できる教師との出会いは、めったにない機会だった。
ア 好機到来《こうきとうらい》　**イ** 因果応報　**ウ** 心機一転　**エ** 千載一遇《せんざいいちぐう》
（　　）

(3) うわさ好きな彼女《かのじょ》は、聞いた話を大げさに言いふらした。
ア 大同小異　**イ** 針小棒大　**ウ** 舌先三寸　**エ** 慇懃無礼《いんぎんぶれい》
（　　）

問7 次の――線部の和語の意味をあとの**ア**～**エ**から選び、記号で答えなさい。

(1) その計画にはいささか不安を感じる。
ア かなり　**イ** とにかく　**ウ** 少しばかり　**エ** たいてい
（　　）

(2) 目上の人への、後輩《こうはい》の失礼な態度をたしなめる。
ア 厳しくとがめる。　**イ** 穏《おだ》やかに注意する。　**ウ** 激しく叱《しか》りつける。　**エ** 優しく説明する。
（　　）

(3) 友達の奮闘《ふんとう》をもどかしい思いで見守る。
ア 全力で援助《えんじょ》する。　**イ** 心配でたまらない。　**ウ** 遠慮《えんりょ》がちに見守る。　**エ** 何もできずにじれったい。
（　　）

難問

問8 次の対義語と同じ種類の対義語を、あとの**ア**～**エ**から選び、記号で答えなさい。

(1) 円満⇕不和
ア 弱小⇕強大　**イ** 良質⇕悪質　**ウ** 勝利⇕敗北　**エ** 平凡《へいぼん》⇕非凡
（　　）

(2) 楽観⇕悲観
ア 困難⇕容易　**イ** 幸運⇕不運　**ウ** 巻頭⇕巻末　**エ** 利益⇕損害
（　　）

(3) 降下⇕上昇《じょうしょう》
ア 輸入⇕輸出　**イ** 先祖⇕子孫　**ウ** 既定《きてい》⇕未定　**エ** 乗車⇕降車
（　　）

漢字のチェック④

高校入試によく出る漢字に挑戦《ちょうせん》しよう。

↓解答は別冊20ページ

1 ――線部の漢字の読み方を書きなさい。

(1) 立ち止まって山頂を仰ぐ。
(2) 新入生の歓迎《かんげい》会を催す。
(3) 金品の授受を固く戒める。
(4) 野菜も食べないと栄養が偏る。
(5) 準備を怠る。
(6) 消費者の便宜をはかる。
(7) 文庫本を携えて旅に出る。
(8) 大臣を更迭する。
(9) ケーキ作りの材料を吟味する。
(10) 演説口調で話し始める。
(11) 企業《きぎょう》が新製品を披露する。
(12) 経済が急成長を遂げる。
(13) 議事の進行を妨げる。
(14) 代表者に全権を委ねる。
(15) 滑らかに氷上を滑《すべ》るスケート選手。
(16) 唯一無二の親友。
(17) 感染症《しょう》を媒介する動物。
(18) 不景気で損害を被る。
(19) スマートフォンの普及は目覚ましい。
(20) 不正を嫌悪する。

2 ――線部のカタカナを漢字で書きなさい。

(1) ゲンミツな検査を行う。
(2) 空気がキハクな高地を走る。
(3) 野球部のカンユウを断る。
(4) 協力をヨウセイする。
(5) 世界的なキボの活動。
(6) この素材はショウゲキに強い。
(7) 原稿《げんこう》の執筆《しっぴつ》をイライする。
(8) 空襲《くうしゅう》で建物がハカイされる。
(9) やるしかないとカクゴを決める。
(10) 安全な場所にヒナンする。
(11) 試験ハンイを確認する。
(12) 再建の費用をフタンする。
(13) カンヨウな態度をとる。
(14) 推理のコンキョを示す。
(15) センレンされた文章。
(16) 料理をキソから学ぶ。
(17) 要点をタンテキに話す。
(18) 幸福なショウガイを送る。
(19) ケンヤクしてお金をためる。
(20) データベースをコウチクする。

文法編

文法の基礎

STEP 01 要点まとめ

（　）に当てはまる言葉を書いて、内容を確認しよう。

↓解答は別冊10ページ

1 言葉の単位

●**文**…「。（句点）」などで区切られた、言葉の**基本単位**。

●**文章**…言葉の 01（　　）の単位。普通《ふつう》は、二つ以上の文によって構成され、全体で一つのまとまった内容を表す。

●**段落**…長い文章を内容のまとまりによって区切ったもの。02（　　）して一字下げて書き始めるのが一般《いっぱん》的。

POINT

●**文節**…意味を壊《こわ》さず、発音上不自然でないところで、**文をできるだけ小さく区切ったもの**。文節の区切り目は、「ネ・サ・ヨ」などの言葉を入れて不自然にならないようにして探す。

●**単語**…文節をさらに細かく分けた、意味のある言葉としては、03（　　）の単位。

例 あなた（単語）｜の（単語）〈ネ〉｜こと（単語）｜を（単語）〈ネ〉｜家族（単語）｜に（単語）〈ネ〉｜紹介《しょうかい》し（単語）｜ましょ（単語）｜う（単語）。

文節：あなたの／ことを／家族に／紹介しましょう。

2 文節と文節の関係

●**主語・述語の関係**…「何が（誰《だれ》が）」を表す文節である 04（　　）と、「どうする・どんなだ・何だ・ある（いる・ない）」を表す文節である 05（　　）の関係。

例 作品が（主語）→ 完成する。（述語）　私が（主語）→ 生徒会長です。（述語）

●**修飾《しゅうしょく》・被《ひ》修飾の関係**…他の文節を詳《くわ》しく説明する文節と詳しく説明される文節の関係。

例 赤く（修飾語）→ 塗《ぬ》りつぶす。（被修飾語）　高度な（修飾語）→ 情報化社会。（被修飾語）

●**接続の関係**…前後の文や文節をつなぐ働きをする文節とあとに続く文や文節との関係。

例 終わったので（接続語）　帰宅します。

●**独立の関係**…他の文節と直接係り受けの関係がなく比較《ひかく》的独立している文節と、他の文節との関係。

例　はい、私が　読みます。
独立語

POINT
●**並立の関係と補助の関係**…文節が**対等に並ぶ関係**を06(　　　)の関係、主な意味を表す文節と**補助的な意味を添《そ》える文節**との関係を07(　　　)の関係という。この二つの関係にある文節は、必ず08(　　　)になる。

例　明日の　朝は、バナナと　ヨーグルトが　食べたい。
並立の関係

例　朝食は、テーブルの　上に　用意して　ある。
補助の関係

3 文の成分と連文節

●**文の成分**…最終的に述語に係っている、ある働きをもって文を作っている要素。**主語・述語**・09(　　　)・**接続語・独立語**の五種類がある。

●**連文節**…二つ以上の10(　　　)した文節がまとまって、一つの文節のような働きをするもの。連文節になっている文の成分は、**主部・述部・修飾部・接続部・独立部**とよぶ。

●**主語**（**主部**）…文の中の「**何が**（**誰が**）」に当たる部分。述語（述部）で表される動作や状態の主体を表す。

例　ベルが　鳴り響《ひび》く。
主語　述語

桜の　花びらが　舞《ま》い散る。
修飾・被修飾の関係　主部　述語

●**述語**（**述部**）…物事の動作や状態、内容などを表す部分。位置としては、普通は文の11(　　　)にある。

例　今日は、友達と　遊ぶ。
主語　修飾語　述語

両親が　帰って　くる。
主語　述部　補助の関係

●**修飾語**（**修飾部**）…様子や状況《じょうきょう》、程度などを詳しく説明する部分。

例　川が　ゆったりと　流れる。
主語　修飾語　述語

糸と　布を　買う。
並立の関係　修飾部　述語

●**接続語**（**接続部**）…あとに続く部分に対して、条件・理由・原因などを示す部分。

例　晴れたので、出航する。
接続語　述語

ゆっくり　考えれば、わかる。
接続部　述語

●**独立語**（**独立部**）…他の成分から比較的独立していて、直接係り受けの関係がない部分。

例　いいえ、反対です。
独立語　述語

秋の　風物詩、それは　紅葉だ。
独立部　主語　述語

STEP 02 基本問題

学習内容が身についたか、問題を解いてチェックしよう。

↓解答は別冊10ページ

問1 次の各文を文節と単語に分け、その数をそれぞれ漢数字で答えなさい。

(1) この地方は比較的《ひかく》雨が多い。
(2) 先生の注意事項《じこう》をノートに書いておく。
(3) 母は、台所でカレーを作っているようだ。
(4) 対岸に広がる紅葉が美しくて、ため息をついた。
(5) オーロラは、北極や南極に近い地方で見られます。

(1) 文節〔　　〕 単語〔　　〕
(2) 文節〔　　〕 単語〔　　〕
(3) 文節〔　　〕 単語〔　　〕
(4) 文節〔　　〕 単語〔　　〕
(5) 文節〔　　〕 単語〔　　〕

ヒント

まず、文を文節に区切ろう。(2)の「書いておく」は、一文節と誤解しやすいが、「書いて／おく」のように二文節である。次に、それぞれの文節が、それ以上区切れるかどうかを考えよう。

よく出る

問2 次の各文の——線部の文節と＝＝線部の文節の関係は何か。あとのア～エから選び、記号で答えなさい。

(1) 父は、来週から北海道に出張するそうだ。
(2) 甘《あま》くて おいしいので、三つも食べてしまった。
(3) あれほど、早めに準備をして おけと言ったのに。
(4) 毎日、最低でも一時間は勉強するようにしている。
(5) あんなに積もっていた雪が、どんどん解けて いく。
(6) 好きな俳優が楽しそうに語る様子を目の前で見る。

ア 主語・述語の関係
イ 修飾《しゅうしょく》・被《ひ》修飾の関係
ウ 並立の関係
エ 補助の関係

(1)〔　　〕 (2)〔　　〕
(3)〔　　〕 (4)〔　　〕
(5)〔　　〕 (6)〔　　〕

要注意

文節と文節の関係では、「兄も姉も」「軽くて薄《うす》い」のような並立の関係に注意しよう。並立の関係は、文節どうしの内容を入れ替《か》えても意味が通じる。

問3

次の各文の――線部の述語に対する主語はどれか。一文節で書き抜《ぬ》きなさい。

(1) 父も 姉が 焼いた ケーキを 食べた。
(2) しっかり 勉強したので、 成績が 良かった。
(3) 私は 何度も じっくりと 説明書を 読んだ。
(4) 歌うのは 実に 楽しい ことだと 祖父は 語った。

(1)（　　　） (2)（　　　）
(3)（　　　） (4)（　　　）

よく出る

問4

次の各文の――線部の文節が修飾している文節はどれか。一文節で書き抜きなさい。

(1) 弟は、 軽やかな 足取りで 学校に 向かった。
(2) テーブルに おいしそうな 料理が 並べられた。
(3) 体育館で バドミントンの 大会が 行われる 予定だった。
(4) 私は 友人から 来週の テストの 日程を 聞いた。
(5) 桜の 花びらが ひらひらと 舞《ま》い散る 様子を 描《えが》く。
(6) なるべく 作品は 丁寧《ていねい》に 仕上げるように 言われた。

(1)（　　　） (2)（　　　）
(3)（　　　） (4)（　　　）
(5)（　　　） (6)（　　　）

問5

次の各文の――線部の文の成分は何か。あとの**ア**～**コ**から選び、記号で答えなさい。

(1) 広くてまっすぐな道が緩《ゆる》やかに続いている。
(2) 自由、それは、私の人生のテーマである。
(3) この機械は、なぜか急にうまく動かなくなった。
(4) 私の家では、犬と猫《ねこ》を一匹ずつ飼っています。
(5) この計画は、成功するに違《ちが》いないと考えられます。
(6) あなたがゴールするのをいつまでも待っています。
(7) 話しかけてみたが、友人は返事をしてくれなかった。
(8) 湖の周囲をジョギングするのがとても楽しい。

ア 主語　**イ** 述語　**ウ** 修飾語　**エ** 接続語
オ 独立語　**カ** 主部　**キ** 述部　**ク** 修飾部
ケ 接続部　**コ** 独立部

(1)（　　　） (2)（　　　）
(3)（　　　） (4)（　　　）
(5)（　　　） (6)（　　　）
(7)（　　　） (8)（　　　）

くわしく

(3)「この機械は」のように、「この」が体言（名詞）である「機械」を含《ふく》む文節を修飾している修飾・被修飾の関係も連文節になる。連文節になっている場合は、「～部」となる。

2 自立語① 動詞

STEP 01 要点まとめ

(　)に当てはまる言葉を書いて、内容を確認しよう。

↓解答は別冊10ページ

1 単語

POINT

● **自立語と付属語**…単独で文節を作ることができる単語を 01(　　)、そのあとに付いて文節を作る単語を 02(　　)という。自立語は、一文節に**必ず一つ**ある。付属語は一文節に複数ある場合も、また一つもない場合もある。

例　晩ご飯｜は｜カレーライス｜に｜し｜ましょ｜う｜か。
（自立語：晩ご飯・カレーライス・し／付属語：は・に・ましょ・う・か）

● **品詞の分類**…単語を文法上の性質や働きによって分けたものを、品詞という。品詞は、自立語の**動詞**・**形容詞**・**形容動詞**・03(　　)・**副詞**・**連体詞**・**接続詞**・**感動詞**と、付属語の**助詞**・04(　　)の十種類に分類される。

● **用言と体言**…十種類の品詞のうち、動詞・形容詞・形容動詞の三つを 05(　　)、名詞を**体言**という。

品詞分類表

- 単語
  - 自立語
    - 活用する ― 述語になる（用言）
      - ウ段の音で終わる …… 動詞
      - 「い」で終わる …… 形容詞
      - 「だ・です」で終わる …… 形容動詞
    - 活用しない
      - 主語になる（体言） …… 名詞
      - 主語にならない
        - 修飾語になる
          - 主に用言を修飾 …… 副詞
          - 体言だけを修飾 …… 連体詞
        - 接続語だけになる …… 接続詞
        - 独立語だけになる …… 感動詞
  - 付属語
    - 活用する …… 助動詞
    - 活用しない …… 助詞

2 用言

POINT

● **用言の性質**…用言は、06(　　)する自立語。07(　　)・形容詞・形容動詞の三品詞で、単独で 08(　　)語になることができる。

例　弟が（主語）→ 笑う。（述語・動詞）
　　水が（主語）→ 冷たい。（述語・形容詞）
　　心が（主語）→ 穏《おだ》やかだ。（述語・形容動詞）

●**活用**…あとに続く語などによって、単語の形が規則的に変化すること。

例 終わる　終わらない　終わった　終われば

●**活用形**…単語が活用してできる形は、**未然形**・（09　　）形・**終止形**・**連体形**・（10　　）形・**命令形**の六種類。

●**語幹と活用語尾《ごび》**…用言が活用したとき、変わらない部分を**語幹**といい、変わる部分を**活用語尾**という。

3 動詞

POINT

●**動詞の性質**…物事の動作・作用・存在などを表す単語。活用する（11　　）で、言い切りの形が（12　　）の音で終わる。

例 花粉が飛ぶ。（動詞・ウ段）　木の実が落ちる。（動詞・ウ段）　話を続ける。（動詞・ウ段）

●**動詞の活用**…活用のしかたは、**五段活用**・**上一段活用**・**下一段活用**・**カ行変格活用**・**サ行変格活用**の五種類。

●**五段活用**…五十音図のア・イ・ウ・エ・オ段のすべてにわたって変化する。

行	基本形	語幹	未然形	連用形	終止形	連体形	仮定形	命令形
カ行	咲《さ》く	さ	か・こ	き・い	く	く	け	け
マ行	飲む	の	ま・も	み・ん	む	む	め	め
主な用法			ナイ・ウに連なる	マス・タに連なる	言い切る	トキに連なる	バに連なる	命令して言い切る

●**上一段活用**…五十音図のア・イ・ウ・エ・オ段のうち、イ段を中心に活用する。すべての活用語尾にイ（i）段の音が入る。

行	基本形	語幹	未然形	連用形	終止形	連体形	仮定形	命令形
ア行	居る	○	い	い	いる	いる	いれ	いろ・いよ
カ行	起きる	お	き	き	きる	きる	きれ	きろ・きよ
主な用法			ナイ・ヨウに連なる	マス・タに連なる	言い切る	トキに連なる	バに連なる	命令して言い切る

●**下一段活用**…五十音図のア・イ・ウ・エ・オ段のうち、エ段を中心に活用する。すべての活用語尾にエ（e）段の音が入る。

行	基本形	語幹	未然形	連用形	終止形	連体形	仮定形	命令形
ア行	得る	○	え	え	える	える	えれ	えろ・えよ
バ行	食べる	た	べ	べ	べる	べる	べれ	べろ・べよ
主な用法			ナイ・ヨウに連なる	マス・タに連なる	言い切る	トキに連なる	バに連なる	命令して言い切る

●**カ行変格活用**…五十音図のカ行を中心に変則的に活用する。語幹と活用語尾の区別はない。カ行変格活用の動詞は、「（13　　）」一語のみ。

基本形	語幹	未然形	連用形	終止形	連体形	仮定形	命令形
来る	○	こ	き	くる	くる	くれ	こい
主な用法		ナイ・ヨウに連なる	マス・タに連なる	言い切る	トキに連なる	バに連なる	命令して言い切る

●**サ行変格活用**…五十音図のサ行を中心に変則的に活用する。サ行変格活用の動詞は、「する」と、「勉強する」「論ずる」のような「～する（～ずる）」という形の複合動詞。

基本形	語幹	未然形	連用形	終止形	連体形	仮定形	命令形
する	○	し・せ・さ	し	する	する	すれ	しろ・せよ
主な用法		ナイ・ヌ・セルに連なる	マス・タに連なる	言い切る	トキに連なる	バに連なる	命令して言い切る

STEP 02 基本問題

学習内容が身についたか、問題を解いてチェックしよう。

↓解答は別冊11ページ

よく出る

問1 次の各文の——線部の品詞名は何か。あとの**ア**～**コ**から選び、記号で答えなさい。

(1) 彼《かれ》は、まじめに仕事に取り組んでいる。
(2) かたくり粉、または小麦粉を加えてください。
(3) もうすぐ、文化祭の開会式が始まるはずです。
(4) 駅前のスーパーで安売りセールがあるらしい。
(5) そのうわさは、本当のことではないと思う。
(6) はい、私が委員長に立候補しようと思っています。
(7) あれこれと思い悩《なや》むより、実行してみたほうがよい。
(8) お弁当を食べ終えたら、荷物が少し軽くなった。
(9) 毎日努力することで、実力がついてくるはずだ。
(10) 江戸《えど》時代の末期の話は、とても興味深い。

ア 動詞　**イ** 形容詞　**ウ** 形容動詞　**エ** 名詞
オ 副詞　**カ** 連体詞　**キ** 接続詞　**ク** 感動詞
ケ 助詞　**コ** 助動詞

(1)〔　〕 (2)〔　〕
(3)〔　〕 (4)〔　〕
(5)〔　〕 (6)〔　〕
(7)〔　〕 (8)〔　〕
(9)〔　〕 (10)〔　〕

ヒント

品詞の分類は、①自立語か付属語か、②活用するかしないか、③どんな文の成分になるかの三つのポイントについて確認しよう。(1)の「まじめに」は、①それだけで文節になっているので自立語、②「まじめだ」という言い切りの形が考えられるので活用する、③「取り組んでいる」に係る修飾《しゅうしょく》語になっているので形容動詞と判断できる。

問2 次の各組から——線部の単語が用言ではないものをそれぞれ**ア**～**エ**から選び、記号で答えなさい。

(1) **ア** 道路の右側を歩こう。　**イ** かわいい絵を描《か》く。
ウ 大きなりんごを買う。　**エ** 温かなスープが欲しい。
(2) **ア** あらゆる国を旅する。　**イ** 宿題は、やってある。
ウ 重さを正確に量る。　**エ** 空が明るくなってきた。

(1)〔　〕 (2)〔　〕

問3 次の各文の――線部の動詞の活用形は何か。あとの**ア**～**カ**から選び、記号で答えなさい。

(1) 正解が得られるまで、じっくりと考える。
(2) いろいろな作戦を考えることで、知力を高める。
(3) 動物園に行き、ゴリラの動きを観察する。
(4) 雨よ、早く上がれと、空に向かって祈《いの》り続けた。
(5) 大会参加の件は、私から部員に話します。
(6) 失敗しないように、しっかりと計画を立てよう。
(7) 帰るのが早かったので、友人に会えなかった。
(8) キャンプファイヤーをやろうと、みんなを誘《さそ》った。

ア 未然形　**イ** 連用形　**ウ** 終止形　**エ** 連体形
オ 仮定形　**カ** 命令形

(1)（　　）　(2)（　　）
(3)（　　）　(4)（　　）
(5)（　　）　(6)（　　）
(7)（　　）　(8)（　　）

要注意

動詞の終止形と連体形は、同じ形になるので注意しよう。終止形は言い切って文を終える形で、連体形は体言や「の」「ようだ」などに続く形。(1)の「考える」は、言い切っているので終止形だが、(2)の「考える」は、体言「こと」が続いているので連体形になる。

よく出る

問4 次の各文の――線部の動詞の活用の種類は何か。あとの**ア**～**オ**から選び、記号で答えなさい。

(1) 庭に植えたひまわりが、すくすくと育つ。
(2) 遅《おく》れてしまい、新幹線の発車時刻が過ぎる。
(3) 食事は、よくかんで食べるようにしよう。
(4) 太陽の光をゆっくり浴びて、体を温める。
(5) 早く来れば、イベントの時間に間に合ったのに。
(6) 海に面した窓を開けると、潮風が流れ込《こ》む。
(7) グラウンドでみんなと一緒《いっしょ》に運動するのは楽しい。
(8) 一時間も待ったかいがあって、入場できた。

ア 五段活用　**イ** 上一段活用　**ウ** 下一段活用
エ カ行変格活用　**オ** サ行変格活用

(1)（　　）　(2)（　　）
(3)（　　）　(4)（　　）
(5)（　　）　(6)（　　）
(7)（　　）　(8)（　　）

くわしく

「ナイ」を付けてみて、活用語尾《ごび》がア段なら五段活用、イ段なら上一段活用、エ段なら下一段活用になる。(1)「育つ」は「育たナイ」となるので五段活用、(2)「過ぎる」は「過ぎナイ」となるので上一段活用、(3)「食べる」は「食べナイ」となるので下一段活用になると識別できる。

自立語② 形容詞・形容動詞

STEP 01 要点まとめ

(　)に当てはまる言葉を書いて、内容を確認しよう。

➡解答は別冊11ページ

1 形容詞

POINT

● **形容詞の性質**…物事の性質や状態を表す単語。活用する(01　　)で、言い切りの形が「(02　　)」で終わる。

例 部屋を明るくする。　部屋が明るい。(言い切りの形)

● **形容詞の活用**…**活用は一種類**で、すべての形容詞は同じ活用のしかたをし、命令形はない。また、語幹に「し」の付くものと付かないものがある。

基本形	語幹	未然形	連用形	終止形	連体形	仮定形	命令形
厚い	あつ	かろ	かっ く・う	い	い	けれ	○
美しい	うつくし	かろ	かっ く・う	い	い	けれ	○
主な用法		ウに連なる	タ・ナイ・ナルに連なる	言い切る	トキに連なる	バに連なる	命令して言い切る

● **形容詞の働き**…単独で述語になることができ、単独で(03　　)語にもなることができる。

例 デザインが(主語)　かわいい。(形容詞・述語)　かわいく(形容詞・修飾語)　着飾《きかざ》る。(述語)

● **形容詞の音便**…形容詞は、「ございます」「存じます」などが続くときに、語尾《ごび》が変化する。これを(04　　)音便とよぶ。

例 とても楽しい。(形容詞)　➡　とても楽しゅうございます。(形容詞)

● **補助形容詞**…本来の形容詞の意味から離《はな》れて前の文節に付いて補助的な働きをする形容詞。「ない」「よい」「ほしい」など。

例 あまり　面白く　ない。(補助形容詞・補助の関係)　早く　来て　ほしい。(補助形容詞・補助の関係)

1 文法の基礎
2 自立語①
3 自立語②
4 自立語③
5 付属語・敬語

● **形容詞の語幹の用法**…形容詞には語幹だけで言い切る形で使われ、単独で（05　　）語になる用法がある。また、形容詞の語幹が助動詞「そうだ」に連なる用法もある。

例 ああ、美し（形容詞／「美しい」の語幹）。　まあ、おいし（形容詞／「おいしい」の語幹）。

例 これからの未来は、明る（形容詞／「明るい」の語幹）そうだ（助動詞）。

● **形容詞を作る接尾語**…「らしい」「がたい」など、他の語に付き形容詞を作る接尾語がある。

例 春らしい（形容詞／接尾語「らしい」）陽気だ。　その要求は、認めがたい（形容詞／接尾語「がたい」）。

2 形容動詞

POINT

● **形容動詞の性質**…物事の性質や状態を表す単語。活用する（06　　）で、言い切りの形が「（07　　）」「です」で終わる。

例 便利な機能。　この機能は便利だ（言い切りの形）。

● **形容動詞の活用**…**活用は二種類**で、どちらの活用にも命令形はない。また、「～です」型の活用には仮定形もない。

基本形	語幹	未然形	連用形	終止形	連体形	仮定形	命令形
きれいだ	きれい	だろ	だっ で・に	だ	な	なら	○
静かです	しずか	でしょ	でし	です	（です）	○	○
主な用法		ウに連なる	タ・ナイ・ナルに連なる	言い切る	トキに連なる	バに連なる	命令して言い切る

● **形容動詞の働き**…単独で述語になることができ、単独で（08　　）語にもなることができる。

例 教室が（主語）にぎやかだ（形容動詞／述語）。　にぎやかに（形容動詞／修飾語）話し合う（述語）。

● **形容動詞の語幹の用法**…形容動詞には語幹だけで言い切る形で使われ、単独で（09　　）語になる用法がある。また、形容動詞の語幹が助動詞「そうだ」「らしい」に連なる用法もある。

例 まあ、とても静か（形容動詞／「静かだ」の語幹）。　おお、これは便利（形容動詞／「便利だ」の語幹）。

例 祖父は、元気（形容動詞／「元気だ」の語幹）そうだ（助動詞）。　この方法が合理的（形容動詞／「合理的だ」の語幹）らしい（助動詞）。

● **形容動詞を作る外来語**…形容動詞には、外来語に「だ」を付けて形容動詞化したものがある。

例 練習がハードだ。

STEP 02 基本問題

学習内容が身についたか、問題を解いてチェックしよう。

↓解答は別冊11ページ

よく出る

問1 次の各文から、形容詞を一つずつ、そのままの形で書き抜《ぬ》きなさい。

(1) うれしいことに、さっそく手紙の返事がきた。
(2) その茶色く塗《ぬ》られた屋根の家が私の家だ。
(3) もう少し指が細ければ、この指輪が入ったのに。
(4) 部屋がとても汚《きたな》かったので、念入りに掃除《そうじ》した。
(5) みんなの話を聞いて、彼女《かのじょ》は、子供っぽく笑った。
(6) とても信じがたかったが、どうやら優勝したらしい。
(7) 眠《ねむ》いと感じたら、少しでも眠るようにしよう。

(1)（　　　）　(2)（　　　）
(3)（　　　）　(4)（　　　）
(5)（　　　）　(6)（　　　）
(7)（　　　）

くわしく

形容詞を作る接尾語《せつび》には「がたい」「らしい」「っぽい」などがある。(5)には「っぽい」による形容詞「子供っぽい」、(6)には「がたい」による形容詞「信じがたい」が含《ふく》まれている。

問2 次の各文から、形容動詞を一つずつ、そのままの形で書き抜きなさい。

(1) その情報が確かなら、試合に勝てそうだ。
(2) 穏《おだ》やかに包み込むような暖かい気候だ。
(3) たいへん細やかな心配りに感謝いたします。
(4) 嵐《あらし》が過ぎたので、明日の浜辺《はまべ》は静かだろう。
(5) なるべく平らで硬《かた》い土地を選んで、城を築いた。
(6) 生徒全員で、校歌を高らかに歌い上げた。
(7) 練習に参加する姿勢は、とても積極的だった。

(1)（　　　）　(2)（　　　）
(3)（　　　）　(4)（　　　）
(5)（　　　）　(6)（　　　）
(7)（　　　）

くわしく

「やか」「らか」などの接尾語は、形容動詞の語幹を作る。(3)には「やか」による形容動詞「細やかだ」、(6)には「らか」による形容動詞「高らかだ」が含《ふく》まれている。

問3 次の各文の——線部の形容詞と形容動詞の活用形は何か。あとの**ア**～**カ**から選び、記号で答えなさい。

(1) もし寒ければ、この上着を着ていくといいよ。
(2) そんなに重たくないので、自分で運べる。
(3) そのサイズではきつかろうと思い、少し大きめのにした。
(4) プールの水は、まだ少し冷たかった。
(5) 子供たちが健やかに育つことを願っている。
(6) 坂道がなだらかならば、自転車で行こう。
(7) 例を挙げて説明するほうが、より具体的だろう。
(8) どちらかというと、姉はあまり器用でない。

ア 未然形　**イ** 連用形　**ウ** 終止形　**エ** 連体形
オ 仮定形　**カ** 命令形

(1)（　　）(2)（　　）
(3)（　　）(4)（　　）
(5)（　　）(6)（　　）
(7)（　　）(8)（　　）

ヒント
(2)・(8)動詞の場合、「ない」が下に続くのは未然形だが、形容詞・形容動詞は異なる。また、形容詞・形容動詞の連用形活用語尾は、複数ある。

難問

問4 次の各組から——線部の単語が形式形容詞になっているものをそれぞれ**ア**～**エ**から選び、記号で答えなさい。

(1) **ア** 君は、もう帰ってよい。　**イ** それは、よい案だ。
ウ 午後なら都合がよい。　**エ** プレゼントは花がよい。
(2) **ア** 全く話を聞かない。　**イ** まだ行ったことがない。
ウ それほど暑くない。　**エ** 会ったことはないはずだ。
(3) **ア** 冷たい水がほしい。　**イ** どうかわかってほしい。
ウ 新しい選手ならほしい。　**エ** 平穏《へいおん》な人生がほしい。

(1)（　　）(2)（　　）
(3)（　　）

要注意
(2)**ア**「聞かない」は付属語なので注意しよう。形式形容詞は自立語なので、単独で文節になるが、この「ない」は文節に区切れない。

問5 次の各組から——線部の単語が形容動詞ではないものをそれぞれ**ア**～**エ**から選び、記号で答えなさい。

(1) **ア** 部員が新たに加入する。　**イ** かすかに声が聞こえる。
ウ 特に大きな問題はない。　**エ** 正直に謝ろうと思う。
(2) **ア** 彼《かれ》の心は、清らかだ。　**イ** あきらめるのは、簡単だ。
ウ その方法は、科学的だ。　**エ** 守るべきは、平和だ。

(1)（　　）(2)（　　）

自立語③ 名詞・副詞・連体詞・接続詞・感動詞

STEP 01 要点まとめ

（　）に当てはまる言葉を書いて、内容を確認しよう。

↓解答は別冊12ページ

1 名詞

● **名詞の性質と働き**…物事の名前を表す単語。01（　　）しない自立語で、文の中では主に**主語になる**が、いろいろな働きをする。

例 太陽が（名詞・主語） まぶしい。（述語）　並木道を（名詞・修飾《しゅうしょく》語） 散歩する。（述語）

POINT

● **名詞の種類**…一般《いっぱん》的な物事の名前を表す**普通《ふつう》名詞**、人名・地名・国名など、一つしか存在しない物事の名前を表す02（　　）、物の数や量、順序などを数によって表す**数詞**、補助的・形式的に用いられる**形式名詞**、人や物事を指し示して表す03（　　）の五種類に分けられる。

例 私（代名詞）は、ゴッホ（固有名詞）の作品（普通名詞）を鑑賞《かんしょう》したこと（形式名詞）が三回（数詞）ある。

2 副詞

● **副詞の性質と働き**…活用しない自立語で、主に**用言**を04（　　）する働きをもつ。

例 お金を すっかり（副詞・修飾語） 使い果たす。（用言（動詞）・被《ひ》修飾語）　流れが とても（副詞・修飾語） 速い。（用言（形容詞）・被修飾語）

● **副詞の種類**…動作・作用がどのような状態・様子であるかを詳《くわ》しく表す05（　　）**の副詞**、物事の性質や状態の程度を表す**程度の副詞**、受ける文節に特定の言い方を要求する**呼応の副詞**（陳述《ちんじゅつ》の副詞）の三種類に分けられる。

例 もっと（程度の副詞）集中して、しっかり（状態の副詞）勉強すれば、きっと（呼応の副詞）合格するだろう。

● **副詞の正しい呼応関係**…呼応の副詞は、それぞれの意味に応じて、それを受ける文節に**決まった言い方**がある。

POINT

副詞の呼応

意味	副詞	用例
疑問・反語	どうして・なぜ	どうして理解できたのか。
推量	たぶん・きっと・おそらく	たぶん行けるだろう。
仮定	もし・たとえ・かりに	もし晴れたなら、決行しよう。
否定（打ち消し）	決して・少しも・まったく 全然・ろくに	この謎《なぞ》は、決して解けない。 話が全然わからない。
否定の推量	まさか・よもや	まさか、そんなことはあるまい。
たとえ	まるで・ちょうど・さも	まるで雪のようだ。
希望	ぜひ・どうか・どうぞ	ぜひ遊びにきてください。

3 連体詞

● **連体詞の性質と働き**…活用しない自立語で、（06　　　　）だけを修飾する働きをもつ。

例 おかしな（連体詞・修飾語）話。（体言・被修飾語）　たいした（連体詞・修飾語）人物だ。（体言・被修飾語）

● **指示語の連体詞**…指示語になる連体詞には、**近称《きんしょう》**の「この」、**中称**の「（07　　　　）」、**遠称**の「あの」、**不定称**の「どの」がある。

例 この（近称）手紙を、あの（遠称）ポストに入れてください。

例 その（中称）野菜は、どの（不定称）畑で取れたものですか。

4 接続詞

● **接続詞の性質と働き**…活用しない自立語で、文の中で単独で（08　　　　）になる働きをもつ。

例 新鮮《しんせん》ないちごをたくさんもらった。それで（接続詞／接続語（前後の文を接続している））、ジャムを作った。

POINT

● **接続詞の分類**…意味の上から、左の表のように分類する。

種類	主な接続詞	例文
順接	だから・それで・すると・そこで・ゆえに・したがって・よって	全員が集まった。そこで、多数決をとった。
逆接	だが・でも・しかし・ところが・だけど・けれども・しかるに・とはいえ	良い案が浮《う》かんだ。だが、みんなに反対された。
並立・累加《るいか》	また・および・ならびに・なお・しかも・それから・そのうえ・そして・それに	この料理は、すぐ作れる。そのうえ、とてもおいしい。
対比・選択《せんたく》	あるいは・または・もしくは・一方・それとも	電話か、または、メールで知らせてください。
説明・補足	つまり・すなわち・なぜなら・ただし・もっとも	英会話を習得したい。なぜなら、留学したいからだ。
転換《てんかん》	では・さて・ところで・ときに	説明は終わりです。さて、実際にやってみましょう。

5 感動詞

● **感動詞の性質と働き**…活用しない自立語で、文の中で単独で（09　　　　）になる働きをもつ。

例 まあ（感動詞・独立語）、なんて美しい。　もしもし（感動詞・独立語）、田中さんですか。

STEP 02 基本問題

学習内容が身についたか、問題を解いてチェックしよう。

↓解答は別冊12ページ

問1 次の各文から、名詞を一つずつ書き抜《ぬ》きなさい。

(1) 頂上にたどり着くのは、簡単ではなかった。

(2) それなら、私に早く教えてくれれば良かったのに。

(3) 九時に出発すれば、まだ間に合うと思います。

(1)〔　　〕　(2)〔　　〕　(3)〔　　〕

ヒント

名詞は、文の中で主に主語になる単語。「が」などを付けて、その単語を主語にした文を作れるかどうかが見極めるポイント。

問2 次の各組から――線部の単語が形式名詞であるものをそれぞれ**ア**～**エ**から選び、記号で答えなさい。

(1) **ア** 信号のところを曲がる。　**イ** 今から、行くところだ。
　ウ 座るところがない。　**エ** 汚《よご》れたところを洗う。

(2) **ア** とおりに出て遊ぶ。　**イ** 車のとおりが少ない。
　ウ 風のとおりがいい。　**エ** 見てきたとおりに伝える。

(1)〔　　〕　(2)〔　　〕

くわしく

形式名詞は、本来の意味が薄《うす》れ、補助的・形式的に用いられる名詞。
(1)**イ**「行くところだ」は、「場所。位置」といった本来の意味が薄れ、連なっている「行く」という文節の意味を補助している。

よく出る

問3 次の各文の――線部の副詞が修飾《しゅうしょく》している文節はどれか。一文節で書き抜きなさい。

(1) 休まずに　ゆっくりと　歩めば、ゴールに　たどり着ける。

(2) 開いた　ページの　上に　そっと　手のひらを　乗せた。

(3) その　ポスターを、もっと　左に　寄せて　ください。

(4) 彼女《かのじょ》は、かなり　はっきりと　した　口調で　否定した。

(1)〔　　〕　(2)〔　　〕

(3)〔　　〕　(4)〔　　〕

要注意

副詞は、主に用言を修飾する働きの単語だが、(3)「もっと」のような程度の副詞は、体言（名詞）や他の副詞を修飾することもあるので、注意しよう。

問4

次の各文の――線部の副詞と呼応する、（　）に当てはまる言葉を、あとの**ア**～**エ**から選び、記号で答えなさい。

(1) よかったら、ぜひ次回の活動日にも参加して（　）。
(2) この実験は、決して失敗するはずが（　）。
(3) 一面に広がる紅葉は、まるで美しい着物の（　）。
(4) 十万票を集められれば、まさか落選することはある（　）。

ア ようだ　**イ** まい　**ウ** ない　**エ** ください

(1)（　　）(2)（　　）
(3)（　　）(4)（　　）

難問

問5

次の各組から――線部の単語が連体詞であるものをそれぞれ**ア**～**エ**から選び、記号で答えなさい。

(1) **ア** 机の上に本がある。　**イ** 書いてあることを写す。
ウ 重要な資源は水である。　**エ** ある人から聞いた話だ。
(2) **ア** 大きく背伸《せの》びをする。　**イ** 部屋から大きな声がする。
ウ 画面の大きさを測る。　**エ** 金額の差が大きい。

(1)（　　）(2)（　　）

くわしく

連体詞は、用言と紛《まぎ》らわしいものが多いが、活用するかしないかで見分けるとよい。(2)**ア**「大きく」、**エ**「大きい」は、「大きかろう」「大きかった」のように活用するが、**イ**「大きな」は活用しない。

問6

次の各文の（　）に当てはまる接続詞を、あとの**ア**～**エ**から選び、記号で答えなさい。

(1) 暖かくなってきた。（　）、そろそろ上着を片付けよう。
(2) 記録は伸びている。（　）、一位になるのは無理だろう。
(3) 彼《かれ》は尊敬されている。（　）、責任感が強いからだ。
(4) 顔色がとてもよい。（　）、食欲もあるようだ。

ア なぜなら　**イ** それに　**ウ** だから　**エ** でも

(1)（　　）(2)（　　）
(3)（　　）(4)（　　）

ヒント

空欄《くうらん》の前後の関係をとらえよう。(1)は、空欄の前の文「暖かくなってきた。」が、あとの「そろそろ上着を片付けよう。」の原因・理由を表しているので、順接の接続詞が当てはまるとわかる。

問7

次の各組から――線部の単語が感動詞であるものをそれぞれ**ア**～**エ**から選び、記号で答えなさい。

(1) **ア** ああ言えばこう言う。　**イ** ああ強くてはかなわない。
ウ ああ、本当にうれしい。　**エ** ああすれば良かったのか。
(2) **ア** どれが君の意見ですか　**イ** どれ、私に見せてごらん。
ウ 正解は、どれですか。　**エ** どれを買いましょうか。

(1)（　　）(2)（　　）

5 文法

付属語・敬語

STEP 01 要点まとめ

（　）に当てはまる言葉を書いて、内容を確認しよう。

↓解答は別冊13ページ

1 助詞

POINT

● **助詞の性質**…01（　　）しない付属語で、自立語に連なって文節を作る。単独で文節を作ることはできず、また文節の先頭に用いることもできない。

例 小学校（自立語）｜の（助詞）｜先生（自立語）｜に（助詞）｜手紙（自立語）｜を（助詞）｜送る（自立語）｜よ（助詞）。

● **助詞の種類**…それぞれの働きから、主に、**格助詞**・**接続助詞**・**副助詞**・**終助詞**の四種類に分けられる。

● **格助詞**…主に02（　　）に付き、文節と文節の関係を示す働きをする。

例 新しい洋服が（格助詞）欲しい。　学校から（格助詞）帰宅する。

● **接続助詞**…主に03（　　）に付き、前後の文節をつなぐ働きをする。

例 席が空いたので（接続助詞）、座ろう。　話せば（接続助詞）、わかるはずだ。

● **副助詞**…さまざまな単語に付き、04（　　）を添《そ》える働きをする。

例 開始時間まで（副助詞）待てない。　今日こそ（副助詞）勝つ。

● **終助詞**…主に05（　　）に付き、その文全体に話し手の気持ちや態度などを添える働きをする。

例 ここで食事をするな（終助詞）。　明日は、晴れるだろうか（終助詞）。

2 助動詞

● **助動詞の性質**…活用する06（　　）で、自立語に連なって文節を作る。単独で文節を作ることはできず、また文節の先頭に用いることもできない。

例 考え（自立語）させ（助動詞）られる（助動詞）｜映画を（自立語）｜見（自立語）たい（助動詞）そうだ（助動詞）。

● **助動詞の働き**…用言・体言・他の助動詞などに付き、07（　　　　）を添えたり、話し手・書き手の気持ちや判断を表したりする。

POINT
● **助動詞の分類**…主な助動詞は、**意味**・**接続**によって、左の表のように分類できる。

助動詞	意味	接続
れる・られる	受け身・可能・自発・尊敬	未然形
せる・させる	使役	未然形
う・よう	推量・意志・勧誘《かんゆう》	未然形
まい	否定の意志・否定の推量	終止形・未然形
ない・ぬ（ん）	否定（打ち消し）	未然形
た	過去・完了《かんりょう》・存続・想起（確認）	連用形
たい・たがる	希望	連用形
だ・です	断定	体言など
ます	丁寧《ていねい》	連用形
そうだ・そうです	様態	連用形など
そうだ・そうです	伝聞	終止形
ようだ・ようです	推定・比喩《ひゆ》（たとえ）	連体形など
らしい	推定	終止形など

3 敬語

● **敬語とは**…敬語とは、相手の人格や立場を尊重する話し手の姿勢を示し、**敬意を表す**言葉。

例 先生が賞状をくださる（敬語）。　私が回答します（敬語）。

POINT
● **敬語の種類**…敬意を表す対象の違《ちが》いによって、主に08（　　　　）・**謙譲《けんじょう》語**・**丁寧語**の三種類に分けられる。

● **尊敬語**…動作をする人物について、その動作、物事、状態・様子を高めて表すことによって敬意を込《こ》める表現。

例 お客様が食事を召《め》し上がる（尊敬語）。　先生がお話しになる（尊敬語）。

● **謙譲語**…動作を受ける相手にへりくだることによる敬意を示す表現と、自分の動作や持ち物などについての丁重な態度を示す表現。

例 先生からお土産《みやげ》をいただく（謙譲語）。　私は山田と申します（謙譲語）。

● **丁寧語**…話を聞いている相手や、文を読んでいる相手に対して敬意を表す表現。「お休み」「ご飯」のような一部の丁寧語を09（　　　　）とよぶこともある。

例 今日から新学期です（丁寧語）。　私が説明します（丁寧語）。

STEP 02 基本問題

学習内容が身についたか、問題を解いてチェックしよう。

↓解答は別冊13ページ

問1 次の各文から助詞と助動詞を探して、その数をそれぞれ漢数字で答えなさい。

(1) 周囲の人から頼《たよ》られるのは、とてもうれしいことです。
(2) 今年からは、一年生を出場させる試合が増えるらしい。
(3) 私は、続けて見たいと思ったドラマだけを録画しています。
(4) 夏休みに、各地の有名なお祭りを調べてみようかしら。
(5) 午前中は暖かかったが、午後は気温が下がったようだ。

(1) 助詞〔　　〕 助動詞〔　　〕
(2) 助詞〔　　〕 助動詞〔　　〕
(3) 助詞〔　　〕 助動詞〔　　〕
(4) 助詞〔　　〕 助動詞〔　　〕
(5) 助詞〔　　〕 助動詞〔　　〕

ヒント

まず、文を文節に区切って、その中から付属語を探そう。次に、その付属語が活用するかしないかで、助詞と助動詞に分類しよう。(2)の文末にある「らしい」は、「らしかった」のように変化するので助動詞、(4)の文末の「かしら」はこれ以上変化しないので助詞と判別できる。

問2 次の各組から――線部の助詞の意味・用法が異なるものをそれぞれ**ア**～**エ**から選び、記号で答えなさい。

(1) **ア** 川の流れが緩《ゆる》やかだ。 **イ** 少し配慮《はいりょ》が足りなかった。
ウ 友人の助けが必要だ。 **エ** 難しいが努力してみよう。
(2) **ア** 妹の踊《おど》る様子を見る。 **イ** 雪の降る日は、家にいよう。
ウ 諦《あきら》めるのが早すぎる。 **エ** 絵の上手な人を募集《ぼしゅう》する。
(3) **ア** 家から駅までは近い。 **イ** 寒いからマフラーを巻く。
ウ 土から根を掘《ほ》り出す。 **エ** 四月に故郷から上京する。
(4) **ア** 振《ふ》り向くと友人がいた。 **イ** 両親と話し合う。
ウ 兄の身長と比べる。 **エ** 飼っている犬と遊ぶ。

(1)〔　　〕 (2)〔　　〕
(3)〔　　〕 (4)〔　　〕

くわしく

(1)の「が」には、格助詞と接続助詞がある。格助詞は主に体言に接続し、接続助詞「が」は主に活用語に接続する。
(2)の「の」は、どれも格助詞だが、格助詞「の」には、①部分の主語を示す、②連体修飾《しゅうしょく》語を示す、③並立の関係を示す、④体言に準ずるなどの働きがある。

よく出る

問3 次の各組から――線部の意味・用法が異なるものをそれぞれ**ア**～**エ**から選び、記号で答えなさい。

(1) **ア** 七時には起きられる。 **イ** このパンなら食べられる。
ウ 友人に声をかけられる。 **エ** 二週間まで借りられる。

(2) **ア** 雨は夜にはやむだろう。 **イ** さあ、みんなで遊ぼう。
ウ 昨日は楽しかったろう。 **エ** 失敗することはなかろう。

(3) **ア** 問題は解決しそうだ。 **イ** 明日には届くそうだ。
ウ もうすぐ終わりそうだ。 **エ** このままなら勝てそうだ。

(4) **ア** ペンを落としたようだ。 **イ** 考え方が違《ちが》うようだ。
ウ 味が変わったようだ。 **エ** 爪《つめ》が花びらのようだ。

(5) **ア** 簡単には合格しない。 **イ** あと五分しか待てない。
ウ 作り方は、難しくない。 **エ** その本は、まだ買えない。

(6) **ア** こちらが新製品です。 **イ** 目を見張るスピードです。
ウ これが最後の試合です。 **エ** 真相は、もう明らかです。

(1)〔　　〕 (2)〔　　〕
(3)〔　　〕 (4)〔　　〕
(5)〔　　〕 (6)〔　　〕

ヒント

(1)**ア**～**エ**の「られる」には、受け身の助動詞と可能の助動詞とが混ざっている。それぞれの文の内容から識別しよう。
(5)「ない」には、助動詞だけではなく、形容詞・形式形容詞もある。自立語か付属語かが大きな違いなので、文節に区切ってみて識別しよう。

よく出る

問4 次の各組から――線部に使われている敬語の種類が異なるものをそれぞれ**ア**～**エ**から選び、記号で答えなさい。

(1) **ア** 食事を召《め》し上がる。 **イ** 早朝に旅立たれる。
ウ おっしゃるとおりです。 **エ** 別室でお待ちする。

(2) **ア** 友人にも伝えます。 **イ** 社長のご意見を承る。
ウ 先生の作品を拝見する。 **エ** 自分の考えを申し上げる。

(1)〔　　〕 (2)〔　　〕

問5 次の各文の――線部の動詞を言い換《か》えた適切な敬語はどれか。あとの**ア**～**エ**から選び、記号で答えなさい。

(1) 先生が来週の行事についての注意点を話すらしい。
(2) 自分の考えをまとめて皆《みな》さんに話す練習をしています。
(3) 新しい先生が来る日までに、教室を飾《かざ》りつけよう。
(4) 作品が入選して、市長から賞状をもらうことになった。

ア いらっしゃる **イ** いただく
ウ お話しする **エ** お話しになる

(1)〔　　〕 (2)〔　　〕
(3)〔　　〕 (4)〔　　〕

くわしく

敬語表現には、特別な動詞で言い換えるもの、「お～する」「お～になる」などの表現によるもの、尊敬の助動詞「れる・られる」を使うものがある。**ア**「いらっしゃる」、**イ**「いただく」は、特別な動詞。

STEP 03

文法編

実戦問題

学習内容が身についたか、問題を解いてチェックしよう。

↓解答は別冊14ページ

目標時間 30分

問1

次の文章を読んで、あとの問いに答えなさい。

❶私たちは、必要なエネルギーを毎日の食事からとっています。そして、食事と食事の間の、間食として食べるお菓子《かし》からもエネルギーを得ています。お菓子は、私たちに❷喜びや❸楽しみを与《あた》えてくれます。そして、それによって、ストレスが解消さ❹れるという効果もあります。しかし、食べ方や量によっては、健康に害を及《およ》ぼすことがあります。

(1) ──線部❶の文に含《ふく》まれている文節の数を漢数字で答えなさい。

(2) ──線部❷「喜びや」と❸「楽しみを」の文節と文節の関係を**ア**〜**エ**から選び、記号で答えなさい。

ア 主語・述語の関係　**イ** 修飾《しゅうしょく》・被《ひ》修飾の関係

ウ 並立の関係　**エ** 補助の関係

(3) ──線部❹「れる」と意味・用法が同じものを**ア**〜**エ**から選び、記号で答えなさい。

ア 昔のことがしのばれる。　**イ** 先生は六時に出発される。

ウ 作品の完成が待たれる。　**エ** 飼い犬に手をかまれる。

(1)〔　　〕　(2)〔　　〕

(3)〔　　〕

問2

次の文章を読んで、あとの問いに答えなさい。

ゆったりと路面を満たす日差しに誘《さそ》われて通りに出てみると、柔《やわ》らかい春の風が、木々の葉を細かく揺《ゆ》らしながら、その隙間《すきま》をすり抜《ぬ》けるようにして❶吹《ふ》いていた。私は、これから私を取り巻くであろう様々な事象に対して、この春風のようである❷のがよいと思いつつ、しかし、それは（　　）かなわ❸ないことだろうと予知してもいた。私の言動や思いが、何ものかに阻《はば》まれてしまうに違《ちが》いなかった。

(1) ──線部❶「吹いていた」に対する主語を一文節で答えなさい。

(2) ──線部❷「の」と意味・用法が同じものを**ア**〜**エ**から選び、記号で答えなさい。

ア 庭のひまわりが育つ。　**イ** 空の青さが目にしみる。

ウ 気の向くままに歩く。　**エ** 考えを改めるのは遅《おそ》くない。

(3) 文章中の（　　）に当てはまる副詞として適切なものを**ア**〜**エ**から選び、記号で答えなさい。

ア もし　**イ** おそらく　**ウ** まさか　**エ** なぜ

(4) ──線部❸「ない」と品詞が同じものを**ア**〜**エ**から選び、記号で答えなさい。

ア 説得する気はない。　**イ** どうして反論しないのか。

ウ 風は冷たくない。　**エ** 波は穏《おだ》やかでない。

(1)〔　　〕 (2)〔　　〕
(3)〔　　〕 (4)〔　　〕

難問

問3 次の文章を読んで、あとの問いに答えなさい。

図書館の本を見てみると、背表紙にラベルが❶貼《は》られています。このラベルには、数字や記号が書いてあります。❷これは、「日本十進分類法（NDC）」によるものです。多くの日本の図書館の本は、この分類法で整理されていて、検索《けんさく》しやすくなっているのです。ですから、ラベルを剝《は》がしてしまったり、勝手❸に本の位置を変えてしまったりすると、❹欲しかった本が見つからなくなってしまうことがあるのです。

(1) ――線部❶「貼られて」に含まれている動詞と活用の種類が同じものを**ア**～**エ**から選び、記号で答えなさい。

ア 鳥が大空を飛ぶ。　**イ** 部屋の掃除《そうじ》をする。
ウ 優勝して賞品を得る。　**エ** 新しい洋服を着る。

(2) ――線部❷「これ」と品詞が同じものを**ア**～**エ**から選び、記号で答えなさい。

ア そんなはずはない。　**イ** その話はでたらめだ。
ウ そうするのがよい。　**エ** そこからなら、よく見えるよ。

(3) ――線部❸「に」と文法的に同じものを**ア**～**エ**から選び、記号で答えなさい。

ア 丁寧《ていねい》に宛名《あてな》を書く。　**イ** 学校に欠席の連絡《れんらく》をする。
ウ 寒さに耐《た》えている。　**エ** 方角を誤りそうになる。

(4) ――線部❹「欲しかった」に含まれている用言と活用形が同じものを**ア**～**エ**から選び、記号で答えなさい。

ア 熱ければ、冷まそうか。　**イ** 人形を乗せる台を買う。
ウ 教室は静かでしょう。　**エ** プレゼントをきれいに包む。

(1)〔　　〕 (2)〔　　〕
(3)〔　　〕 (4)〔　　〕

問4 次の文章を読んで、あとの問いに答えなさい。

「先生は、どんな料理がお好きですか。」

「私は、アジア料理が好きです。カレーをよく食べます。」

「カレーですか。かなり辛《から》いカレーも食べるのですか。」

「大好きです。自分の家でも作って食べていますよ。」

「そうですか。一度、先生のカレーを（　　）たいですね。」

(1) ――線部「食べる」を適切な敬語に直したものを**ア**～**ウ**から選び、記号で答えなさい。

ア お食べする　**イ** お食べになる　**ウ** いただく

(2) 文章中の（　）に当てはまる敬語として適切なものを**ア**～**ウ**から選び、記号で答えなさい。

ア いただき　**イ** お食べになり　**ウ** 召《め》し上がり

(1)〔　　〕 (2)〔　　〕

漢字のチェック⑤

高校入試によく出る漢字に挑戦《ちょうせん》しよう。

➡ 解答は別冊20ページ

1 ——線部の漢字の読み方を書きなさい。

(1) 部屋の隅に座る。
(2) 豆を一晩水に浸す。
(3) 母は銀行の出納係だ。
(4) フランス語の詩を翻訳する。
(5) 静寂を破ってドラムの音が響《ひび》き渡《わた》る。
(6) 丁寧な説明を受ける。
(7) 顔の輪郭を描写《びょうしゃ》する。
(8) 自動制御装置が作動する。
(9) 素朴な疑問に答える。
(10) 膨大な資料から調べ上げる。
(11) 初心を貫く。
(12) 仕事で海外に赴任する。
(13) 率直な意見を述べる。
(14) 明日は天気が崩れるそうだ。
(15) 人生の岐路に立つ。
(16) 適切な措置を取る。
(17) 森林を伐採する。
(18) 悲しむ友を慰める。
(19) 植物は根に養分を蓄える。
(20) 妹は朗らかによく笑う。

2 ——線部のカタカナを漢字で書きなさい。

(1) カジョウな反応を示す。
(2) キョウイ的な記録が出る。
(3) 経営のキバンを固める。
(4) フヘン的なテーマを扱《あつか》う。
(5) 審判《しんぱん》の判定にコウギする。
(6) 遺伝子の研究でギョウセキを上げる。
(7) 王位をケイショウする。
(8) 戦争をホウキする。
(9) キチョウな体験ができた。
(10) 球場からカンセイが聞こえる。
(11) その判断はケンメイだ。
(12) ドローンをソウジュウする。
(13) 友達にメイワクをかける。
(14) ショウサイな報告を受ける。
(15) もう少しシンボウしよう。
(16) 事件をコチョウして話す。
(17) ケンキョに反省する。
(18) 値引きをコウショウする。
(19) この絵は彼《かれ》の最高ケッサクとされている。
(20) ショウトツ事故を目撃《もくげき》する。

古典編

古典

1

古文の内容を読み取る

STEP 01 要点まとめ

（　）に当てはまる言葉を書いて、内容を確認しよう。

↓解答は別冊15ページ

1 歴史的仮名遣い

古文の中で使われている仮名遣いを01（　　　）とか**旧仮名遣い**という。書き方と読み方に違《ちが》いがあり、次のようなきまりにしたがっている。

●語の頭以外にある「**は・ひ・ふ・へ・ほ**」は、02（　　　）と読む。

●「**ぢ・づ**」は「じ・ず」と読む。

●「**くわ・ぐわ**」は03（　　　）と読む。

●ワ行の「**ゐ・ゑ・を**」は04（　　　）と読む。

POINT

●母音が**au**・**iu**・**eu**・**ou**と連続するときは「ô・yû・yô・ô」と読む。例えば「まうす」は「mauす」なので「môす」→05（　　　）となる。

●助詞の「なむ」や、助動詞の「む」「むず」「けむ」「らむ」の「**む**」は「06（　　　）」と読む。

2 文語文法の特徴

●動詞…活用形が口語とは少し異なる。文語の活用形は、**未然形・連用形・終止形・連体形・**07（　　　）**・命令形**である。

●形容詞・形容動詞…口語では形容詞は言い切りの形が「い」で終わるが、文語では「**し**」で終わる。形容動詞は口語では「だ」「です」で終わるが、文語では「**なり**」「**たり**」で終わる。

●助動詞…口語に比べて、文語の助動詞は種類が多い。たとえば、口語では過去を表すときは「見た」などと「た」を使うが、文語では「**き**」と「**けり**」があり、細かく使い分けている。

POINT

●助詞…口語にはない係助詞があり、そのうち、「ぞ・なむ・や・か」が文中に入ると文末を08（　　　）で結び、「こそ」が入ると文末を**已然形**《いぜんけい》で結ぶというきまりがある。これを09（　　　）という。これによって、疑問や10（　　　）、強調の意味が加わる。

3 古文の特徴

POINT

● 文語では、**主語や述語、助詞が省略されている**ことが多い。例えば「山あり。」では「山」のあとに助詞の「11(　　　)」などの省略があると考えることができる。

● 現在も使われている単語でも、古文では**意味が現代とは異なる**ことがある。例えば「12(　　　)」は、古文では「悲しい」という意味ではなく、「かわいい」という意味でよく使われる。また、**現在では使われない単語**もある。

●現代語とは異なる意味をもつ語

あたらし	惜《お》しい
おどろく	はっとして気づく・目が覚める
をかし	趣《おもむき》がある
きこゆ	申し上げる
やがて	そのまま・すぐに

●現在では使われない語

いと	たいそう・とても
うし	つらい・ゆううつだ
つゆ	少しも（〜ない）
ゆかし	見たい・聞きたい
らうたし	かわいい

4 古文の世界

● 当時は現代の太陽暦《たいようれき》ではなく**太陰暦**《たいいんれき》（月の満ち欠けをもとに日にちをとらえる暦《こよみ》）で生活をしていた。季節のとらえ方も違い、次のように区分していた。

春	一月（睦月《むつき》）・二月（如月《きさらぎ》）・三月（弥生《やよい》）
夏	四月（卯月《うづき》）・五月（皐月《さつき》）・六月（水無月《みなづき》）
秋	七月（文月《ふみづき／ふづき》）・八月（葉月《はづき》）・九月（長月《ながつき》）
冬	十月（神無月《かんなづき／かみなづき》）・十一月（霜月《しもつき》）・十二月（師走《しわす》）

POINT

● 平安《へいあん》時代は**貴族の文化**がさかんで、宮中を中心に**和歌**が数多く作られた。和歌の技法のうち、ある特定の言葉を調子よくうたい出すために、その前に置く五音の言葉のことを13(　　　)という。

この時代は女流文学も多く出た。中でも**清少納言**《せいしょうなごん》が書いた随《ずい》筆《ひつ》『14(　　　)』と、**紫式部**《むらさきしきぶ》が書いた世界最古の長編小説『15(　　　)』は、今も読み継《つ》がれている。

● 鎌倉《かまくら》時代からは武士の世の中となり、平氏《へいし》の活躍《かつやく》と衰退《すいたい》を描《えが》いた『16(　　　)』などの**軍記物語**が登場した。

● 江戸《えど》時代になると町人の間で**芝居**《しばい》などが見られるようになった。また、17(　　　)が書いた**俳諧紀行文**《はいかいきこうぶん》の『18(　　　)』が有名である。

STEP 02 基本問題

上段の「ヒント」などを参考にし、問題を解こう。

↓解答は別冊15ページ

くわしく

小野小町は平安《へいあん》時代の歌人で、六歌仙《ろっかせん》の一人。『古今和歌集《こきんわかしゅう》』に歌が採られている。恋歌を多く詠んだ。
この文章では、その小野小町について評価している。

ヒント

「色見えで」は「色が見えないで」と訳す。

くわしく

「おぼえて」は「（自然とそう）思われて」と訳し、ここでは自発の意味をもつ。この文章の語り手は小野小町の歌に感動しているのである。

1 **次の文章を読んで、あとの問いに答えなさい。**〈秋田県・改〉

色を好み[1]、歌を詠《よ》む者、昔より多からめど[2]、小野小町《をののこまち》こそ、みめ[3]、容貌《かたち》も、もてなし[4]、心遣《こころづか》ひよりはじめ、何事も、いみじかり❶けむ[5]とおぼゆれ。

Ⅰ　色見えで移ろふものは世の中の人の心の花にぞありける

Ⅱ　侘《わ》びぬれば身を❷うき草の根を絶《た》えて誘ふ水あらば往《い》なむとぞ思ふ

Ⅲ　思ひつつ寝《ぬ》ればや人の見えつらむ夢と知りせば[6]覚めざらましを

と詠みたるも、女の歌はかやうにこそとおぼえて、そぞろ[7]に涙ぐましくこそ。

（『無名草子《むみょうぞうし》』より）

（注）1：色＝趣。2：多からめど＝多いでしょうけれど。
3：みめ、容貌も、＝容姿、顔だちも、　4：もてなし＝態度。
5：いみじかりけむ＝すばらしかっただろう。　6：覚めざらまし
を＝覚めないでいたでしょうに。　7：そぞろ＝わけもなく。

問1 ——線部❶「けむ」を現代仮名遣《かなづか》いに直して書きなさい。

問2 よく出る　次は、Ⅰの和歌の解説文である。[A]に当てはまる語句を、Ⅰの和歌から書き抜《ぬ》き、[B]に当てはまる内容を十字以内で書きなさい。

● [A]の色はあせて移り変わるのがはっきり見えるのに、[B]ことはなかなか捉《とら》えられないことを詠《よ》んでいる。

A（　　　）
B

問3 Ⅱの和歌の——線部❷には「浮《う》き」と「憂《う》き」の二つの意味が重ねられている。この表現技法を次から一つ選び、記号で答えなさい。

ア 擬人法《ぎじんほう》　**イ** 掛詞《かけことば》
ウ 枕詞《まくらことば》　**エ** 直喩法《ちょくゆほう》

（　　）

問4 Ⅲの和歌を音読するとき、意味のまとまりから考えて、一か所区切るとしたらどこがふさわしいか。後半部分の初めの三字を書き抜きなさい。

くわしく
古文における「あはれ」という言葉に注意。「しみじみした趣《おもむき》がある」などと口語訳されるが、そのとき使われている場面や状況《じょうきょう》で判断して、適切な情感を読み取る必要がある。

ヒント
「よろづの道」とは「あらゆること」の意味。

ヒント
「時のよろしきにしたがふ」とは「時機にふさわしいのに従う」という意味。その時と場合にふさわしいふるまいや挨拶《あいさつ》のことを言っている。

2 次の文章を読んで、あとの問いに答えなさい。 〈香川県・改〉

長崎《ながさき》の鶴亭隠士《かくていいんし》[1]は少年より画をたしみ[2]、墨画《ぼくぐわ》の花鳥などことによく得られたるよし。元より人目驚《おどろ》かさんともあらず、みづから❶心のうつり行くにまかせ、❷あはれにやさしくうつせり。ある時友人来《きた》りて物語のついでに[3]❸印の押《お》し所を問ひしに、答へていふ。「印[4]はその押し所定まれるものにあらず。その絵が出来終はれば、ここに押してくれよと絵の方から待つものなり」といへり。ある人これを聞きて、よろづの道是《これ》におなじ、たとへば座敷《ざしき》座敷もその客の居やうによりて上中下の居《を》り所が出来、また人のあいさつもその時時のもやうにあり。臨機応変とも、時のよろしきにしたがふともいへるごとく、一定の相はなきもの。しかしその時のもやうの見わからぬ人にはこの段さとしがたし。よくわかる人はよくその場をしるなれば、琴柱《ことぢ》[5]にかはせずといへり。

（『仮名世説《かなせせつ》』より）

（注）1：鶴亭隠士＝江戸《えど》時代の画家。　2：たしみ＝好んで心をうちこみ。　3：物語のついでに＝話をした機会に。　4：印＝書・絵画などに押して作品が自分の作であることを表すための判。
5：琴柱ににかはせず＝琴の胴《どう》の上に立てて弦《げん》を支える琴柱《ことじ》は、音を調整するためににかわで固定しないことから、ここでは融通《ゆうずう》がきくことのたとえ。

問1 ――線部❶「心のうつり行くにまかせ」とあるが、どういう意味か。適切なものを次から一つ選び、記号で答えなさい。

ア　心が変化していくことにそのまましたがって
イ　心がひかれた場所に気のむくまま行ってみて
ウ　心の中に残ったものを忘れないよう記録して
エ　心の動きや迷いを悟《さと》られないよう包み隠《かく》して

〔　　〕

問2 よく出る　――線部❷「あはれに」を現代仮名遣いに直して書きなさい。

〔　　〕

問3 よく出る　――線部❸「印の押し所」とあるが、鶴亭は印の押し所についてどのように言っているか。次の文の空欄《くうらん》に当てはまる語句を、五字程度で書きなさい。

● 印の押し所というものは□ものではなく、できあがった絵が待つ所に押すものだ。

問4 よく出る　文章中には、「　」で示した会話以外に、もう一か所会話の部分がある。その会話はどこからどこまでか。初めと終わりの三字をそれぞれ書き抜きなさい。

初め □□□　終わり □□□

STEP 03 実戦問題

学習内容が身についたか、問題を解いてチェックしよう。

↓解答は別冊15ページ

目標時間 30分

1 次の文章を読んで、あとの問いに答えなさい。

〈岩手県・改〉

[1]維時中納言《これときちゅうなごん》、はじめて[2]蔵人《くらうど》に補せられし時（任命された）、[3]主上《しゆしやう》[4]前栽《せんざい》を掘《ほ》らしむが（掘らせる）ために（目的で）、花の名を❶書かれたり。納言、多く仮名《かな》をもつて（使って）❷これを書きたる時、[5]時人これをあざ笑ひたり。後日、主上、維時を召《め》して（お呼びになって）これを御覧《ごらん》じて、漢字を用ゐるべき由《よし》を❸仰《おほ》せらる（おっしゃった）。❹維時忽《たちま》ちに（すぐに）これを書きてたてまつる（書いてさしあげる）時、人（周りの人々は）一草の字をも（草花の字を一つも）知らず、❺競ひ来たりてこれを問ふ。維時いはく、「かくの如《ごと》き（このような）がゆゑに（理由で）、❻先日は仮名字を用ゐる」と。

（『古事談《こじだん》』より）

（注）1：維時中納言《ちゅうなごん》＝平安《へいあん》時代の学者である大江維時《おおえのこれとき》。　2：蔵人《くろうど》＝天皇のそばで仕え、天皇の仕事を助ける役人。　3：主上＝天皇。　4：前栽＝庭先に植えた草木。植え込み。　5：時人＝周囲の人々。

よく出る

問1 ――線部❶「書かれたり」、――線部❸「仰せらる」の主語をそれぞれ漢字二字で書き抜《ぬ》きなさい。

❶
❸

よく出る

問2 〰〰線部「あざ笑ひたり」「ゆゑ」をそれぞれ現代仮名遣《かなづか》いに直してすべて平仮名で書きなさい。

あざ笑ひたり（　　　　）
ゆゑ（　　　　）

問3 ――線部❷「これ」は何を指しているか。文章中から三字で書き抜きなさい。

問4 ――線部❹「維時忽ちにこれを書きてたてまつる」とあるが、維時中納言はなぜ書き直したのか。その理由を二十字以内の現代語で書きなさい。

問5 ――線部❺「競ひ来たりてこれを問ふ」とあるが、周囲の人々は、競うようにやってきて何を尋《たず》ねたのか。十五字程度の現代語で書きなさい。

問6 ――線部❻「先日は仮名字を用ゐる」とあるが、維時がこのような行動をとったのはなぜか。その理由として適切なものを次から一つ選び、記号で答えなさい。

ア 蔵人になった自分の能力の高さをみなにわからせるため。
イ 草花の名前をだれにでもわかってもらうようにするため。
ウ 自分のことを笑った人々を見返してやろうとしたため。
エ 天皇から草花の名前を書いておくよう命令されたため。

（　　）

新傾向
問7 次の文章は、中国《ちゅうごく》が漢《かん》の時代だった頃《ころ》にあった話である。この話の中の「文帝《ぶんてい》」と最初に示した文章の「維時」から、共通した人物像が読み取れる。二人に共通する人物像として適切なものを後から一つ選び、記号で答えなさい。

昔、ある人が、漢の文帝に、一日に千里もの非常に長い距離《きょり》を走ることができる名馬を献上《けんじょう》した。家臣たちが「すばらしいお宝が手に入ったなあ」と言い合っていたところ、文帝が笑いながら、「私はこの馬をお宝だとは思わない。私が気晴らしに出歩く時は、一日に三十里（約十二キロメートル）進む程度だ。このようにゆっくりと歩いて行くからこそ、供をしている人や馬も疲《つか》れずについて来ることができるのだ。自分一人が一日に千里を走る名馬に乗っていたとしても、他の人や馬が千里を走ることができなければ意味はないのだ」と言って、持ち主に返した。

（『可笑記《かしょうき》』より）

ア 相手の置かれている状況《じょうきょう》に配慮《はいりょ》しながら判断ができる人物像。
イ 周囲からの助言を生かしながら物事に対処できる人物像。
ウ 相手に関係なく自分の考えを貫《つらぬ》きとおすことができる人物像。
エ 周囲の期待に沿うよう綿密な計画を立てて行動できる人物像。

（　　）

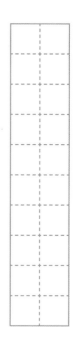

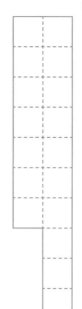

2　次の文章を読んで、あとの問いに答えなさい。

〈福井県・改〉

後冷泉院《ごれいぜいゐん》の御《おん》とき、近江国《あふみのくに》[1]より白きからすをたてまつりたりけるを、
（お治めになっているとき　（後冷泉院に）献上《けんじょう》した）

深く❶隠《かく》して、人にも見せさせたまはざりければ、女房達《にょうばう》❷ゆかしがり申し
（お見せにならなかったので　そばに仕える女性たちが）

ければ、をのをの歌よみてたてまつれ、よくよみたらん人に見せんと
（見たがったところ　献上せよ）

仰《おほ》せ事《ごと》ありければ、a少将《せうしやう》の内侍《ないし》といふb歌よみの女房❸とりあへず、
（ご命令　歌人）

たぐひなくよにおもしろき鳥なれば　ゆかしからずと

❹たれかおもはん

c君かぎりなくめでさせたまひて、❺すなはちかの鳥を取り出して、人々
（賞賛なさって　すぐに）

❻に見せさせたまひ、d内侍にはかづけ物たまはせける。
（ほうびをお与《あた》えになった）

（『和歌威徳物語《わかいとくものがたり》』より）

（注）1：近江国《おうみのくに》＝古い国名。現在の滋賀《しが》県にあたる。

よく出る

問1　――線部❺「すなはち」を現代仮名遣《かなづか》いに直して書きなさい。

〔　　〕

問2　――線部❶「隠して」の主語を五字以内で書き抜《ぬ》きなさい。

問3　〰〰線部a～dのうち、異なる人物を示しているものを選び、記号で答えなさい。

〔　　〕

問4　和歌を除《のぞ》く文章の中から会話の部分を抜き出し、初めと終わりの三字をそれぞれ書きなさい。

初め

終わり

問5　――線部❷「ゆかしがり申しければ」とあるが、女房達がそのように感じたのは、だれがどのようなことをしたからか。三十五字以内の現代語で書きなさい。

問6 ——線部❸「とりあへず」とあるが、ここからどのようなことがわかるか。適切なものを次から一つ選び、記号で答えなさい。

ア 間を置かず、すぐに歌を詠《よ》みあげたということ。
イ 歌をうまく詠むことを最初から諦《あきら》めていたということ。
ウ 昔から思い続けてきたことを歌にしたということ。
エ 歌を詠むことに興味を持っていなかったということ。

〔　〕

問7 ——線部❹「たれかおもはん」の意味として適切なものを次から一つ選び、記号で答えなさい。

ア だれかが思うでしょう
イ だれもが思います
ウ だれかに思わせましょう
エ だれも思いません

〔　〕

超難問

問8 ——線部❻「見せさせたまひ」を、この文章の他の部分を参考にして、現代語訳しなさい。

問9 後冷泉院がほうびを与えたのは、少将の内侍がどのようなことをしたからか。══線部に用いられている掛詞《かけことば》を説明しながら、「少将の内侍が、」に続く形で、五十字以内の現代語で説明しなさい。

少将の内侍が、

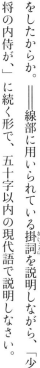

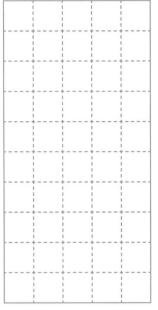

2 古典

漢文・漢詩を読み取る

STEP 01 要点まとめ

（　）に当てはまる言葉を書いて、内容を確認しよう。

↓解答は別冊17ページ

1 漢文とは

一般《いっぱん》に、古代中国で発達した文語文のことを「漢文」という。

● 01（　　）…漢文を日本語の文章のように訓読した文のこと。そのために漢文に**訓点**（**句読点・送り仮名《がな》・返り点**）を補う。これらを補う前の、漢字だけで書かれたもともとのものを02（　　）という。

● 03（　　）…原文にはない**日本語の助詞・助動詞・用言の活用語尾《ごび》など**を、漢字の右下に、歴史的仮名遣《かなづか》いで、片仮名で書く。

POINT

● 04（　　）…漢文の**語順**を日本語の語順に改めるため、漢字の左下につけた符号《ふごう》。

①下の一字を先に読んで上の一字に返ることを示すのは、05（　　）。

②二字以上離《はな》れた上の字に返ることを示すのは06（　　）。

③間に一・二点をはさんで、さらに上に返ることを示すのは、上・下点。

例　百聞不レ如二一見一　（①②）
　　有下朋自二遠方一来上　（③）

④レ点からさらに一点または上点に返ることを示すものは、**一レ点《いちれ》**とか**上レ点《じょうれ》**などという。

● 07（　　）文…漢文を、訓読文に従って日本語の**漢字仮名交じり文**にしたもののこと。このとき、自立語は漢字のまま書くが、助詞や助動詞などは平仮名に直す。

POINT

白文　百聞不如一見
訓読文　百聞ハ不レ如《し》カ二一見一。
書き下し文　百聞は一見に如かず。

2 漢詩とは

主に中国の古い時代の人々が書いた詩。08（　　）という王朝のときに最盛期を迎《むか》え、これ以降の漢詩を「近体詩」という。

POINT

● **漢詩（近体詩）の形式**

①**絶句《ぜっく》**…四つの句（行）から成る。一句が五字の09（　　）と、一句が七字の10（　　）がある。

②**律詩《りっし》**…八つの句（行）から成る。一句が五字の11（　　）と、一句が七字の12（　　）がある。

POINT

● **漢詩の技法**

①13（　　）…用語・組み立てが共に類似した**二つの句を並べて、意味を強め、**イメージを豊かにする。律詩では、三句と四句、五句と六句に用いると決まっている。

②**押韻《おういん》**…句末を同じ響《ひび》きの音で合わせるきまり。詩のリズムを整える働きがある。この音のことを14（　　）という。

例

風物　色彩　風物　色彩

江　碧　鳥　逾　白
山　青　花　欲　然
今　春　看　又　過
何　日　是　帰　年

対句（江碧鳥逾白 ⟷ 山青花欲然）
押韻（然・年）

江《かう》は碧《みどり》にして鳥は逾《いよい》よ白く
山は青くして花然《も》えんと欲《ほっ》す
今春看《みすみ》す又《また》過ぐ
何《いづ》れの日か是《こ》れ帰る年ぞ

川の水は深い緑色で鳥はますます白く見える
山は青々と茂《しげ》り花は燃えるように赤い
今年の春もみるみる過ぎようとしている
いつになれば故郷に帰れるのだろうか

3 現代に生きる漢文

● **故事成語《こじせいご》**…昔あった出来事をもとにして、ある意味を表すようになった文言で、おもに中国の古書からとられている。

例 余裕《よゆう》を見せて、ありもしない蛇《へび》の足まで絵に描《か》いている間に、蛇を描き上げる競争に負けてしまった話から。

← 15（　　）＝よけいなもの

例 なんでも突《つ》き通す矛《ほこ》となんでも防いで通さない盾《たて》を自慢《じまん》して、その矛でその盾を突いたらどうなるかと問われて答えられなかった話から。

← 16（　　）＝つじつまが合わないこと

● 思想…『17（　　）』は、**孔子《こうし》**の言行録を弟子たちがまとめたもの。孔子は魯《ろ》の国の思想家で、18（　　）の祖といわれる。深い思いやりを意味する「19（　　）」と社会的な作法やきまりを意味する「礼」を重んじて理想の政治を説いてまわった。

STEP 02 基本問題

上段の「ヒント」などを参考にし、問題を解こう。

↓解答は別冊17ページ

くわしく

漢詩では「対句」という技法が用いられる。対句は、句の字数や文法的構造が同じで、したがって返り点の付き方も同じになっている。それだけでなく、用いられている語句も関連のあるものが配置されている。

この詩は、第一句と第二句、第三句と第四句、第五句と第六句がそれぞれ対になっている。

そのため、第一句「青山」に対して第二句で「青」に対応する色が入ると考えられる。

1 **次の書き下し文と漢詩を読んで、あとの問いに答えなさい。漢詩は一部返り点を省略したところがある。** 〈兵庫県・改〉

［書き下し文］

北固山下《ほくこさんか》に次《[1]やど》る　王湾《わうわん》

客路青山《かくろせいざん》の外《ほか》
行舟《かうしう》［A］の前
潮平《うしほたひ》らかにして両岸闊《ひろ》く
［B］正しうして一帆懸《いつぱんか》かる
海日残夜《かいじつざんや》に生じ
[2]江春旧年《かうしゆん》に入る
郷書何《きやうしよいづ》れの処《ところ》にか達せん
帰雁洛陽《きがんらくやう》の辺《ほとり》

［漢詩］

次ル㆓北固山下ニ㆒　王湾

客路青山ノ外
行舟［A］ノ前
潮平ラカニシテ両岸闊ク
［B］正シウシテ一帆懸カル
❶海日生ジ残夜ニ
❷江春入ル㆓旧年ニ㆒
郷書何レノ処ニカ達セン
帰雁洛陽ノ辺

（『唐詩選《とうしせん》』より）

（注）1：次る＝宿泊《しゅくはく》する。　2：江《こう》＝長江《ちょうこう》の。

問1 よく出る　書き下し文の読み方になるように、——線部❶に返り点をつけなさい。

海日生ジ残夜ニ

問2 ［A］・［B］に当てはまる語句の組み合わせとして適切なものを次から一つ選び、記号で答えなさい。

ア　A　紅山　B　水　　**イ**　A　緑水　B　風
ウ　A　江岸　B　月　　**エ**　A　客舎　B　道

〔　　〕

問3 ——線部❷の説明として適切なものを次から一つ選び、記号で答えなさい。

ア　この地は温暖で、年が改まらないうちから春が訪《おとず》れる。
イ　この地は戦乱がなく、春の景色は昔と変わらず美しい。
ウ　この地は、春の様子が故郷とよく似ていてなつかしい。
エ　この地は、故郷のはるか南方で一年中春の景色である。

〔　　〕

くわしく

漢文では、同じ文字数で同じ文法構造を持つ文を複数並べるという修辞法がしばしば使われる。白楽天が語ったという内容では、次の二点に目をつける。

- 一行目と二行目の「鶏鳴」の位置が、五行目と六行目の「陽春」と同じであること。
- 一行目・三行目・五行目の出だしを次のように考える。

一日　←　□　←　一年

2 次の文章を読んで、あとの問いに答えなさい。〈大阪府・改〉

ある人[1]白楽天《はくらくてん》の[2]三儀《さんぎ》とて語りしは

一日ノ❶計《はかりごと》ハ在リ二[3]鶏《けい》鳴《めい》ニ一
鶏鳴ニ❷不《ざ》レバレ起キ日課空《むな》シ
③
[4]朔《さく》日《じつ》ニ不レバレ立テ一月空シ
一年ノ計ハ在リ二[5]陽春ニ一
陽春ニ不レバレ耕サ秋実空シ

といへる語、まことにただ人は心に油断おこるにより、よろづにくゆることもわざわひもおこるとかや。

（注）1：白楽天＝中国唐代《ちゅうごくとうだい》の詩人。　2：三儀＝ここでは、日常生活の三つの規範《きはん》のこと。　3：鶏鳴＝一番どりの鳴くころ。　4：朔日＝各月の最初の日。ついたち。　5：陽春＝暖かな春の季節。陽気に満ちた春。

問1 ――線部❶「計」とあるが、この言葉の本文中の意味として適切なものを次から一つ選び、記号で答えなさい。

ア 計画　**イ** 計量　**ウ** 合計　**エ** 余計

〔　　〕

よく出る **問2** ――線部❷「不《ざ》レバレ起キ」を書き下し文に直し、送り仮《が》名《な》も含《ふく》めてすべて平仮名で書きなさい。

〔　　〕

問3 文章中の ③ に入れるのに**最も適切な漢文**を、漢字六字で書きなさい。ただし、送り仮名・返り点は書かないこと。

□□□□□□

問4 文章中で述べられている内容と合うものを次から一つ選び、記号で答えなさい。

ア 先のことばかり心配していると、目の前にある絶好の機会を逃《のが》してしまうため、うまく仕事が進まない。

イ ものごとは最初が肝心《かんじん》であり、気をゆるめて最初に心を配らなければ、後悔《こうかい》したり、災難にあったりする。

ウ 最初だけが重要であると考えて後のことを考えずに油断をしていると、災難のときにうまく対応ができない。

エ 何事も終わり方が大切なのであり、終わったからといって油断していると、次に生かせずさまざまなことに後悔する。

〔　　〕

実戦問題

学習内容が身についたか、問題を解いてチェックしよう。

↓解答は別冊17ページ

目標時間 30分

1 次の文章を読んで、あとの問いに答えなさい。

〈佐賀県・改〉

呉《ご》[1]王楚《そ》[1]を伐《う》たんと欲し《討とうとして》、その左右[2]に告げて曰《い》はく、あへて諫《いさ》むる者有らば死せんと。舎人《しやじん》に少孺子《せうじゆし》有り《呉王に仕える者の中に少年がいた》。諫めんと欲してあへてせず。すなはち丸を懐《いだ》き弾《たま》をとつて後園に遊ぶ《弾丸《だんがん》をふところに入れて、はじき弓[3]を持って裏庭で遊んだ。》。露《つゆ》その衣をうるほす。❶かくのごとくすること三旦《さんたん》《裏庭で遊ぶことが三日間毎朝続いた》。❷呉王曰はく、「子来たれ《そなた、こちらへ来なさい》。何をか苦しみて衣をうるほすことかくのごとき」と。こたへて曰はく、「園中に樹《き》有り、その上に蟬《せみ》有り。蟬高く居《を》り、悲鳴して《鳴き声をあげながら》露を飲み、蟷螂《たうらう》[4]のその後ろに在るを知らざるなり。蟷螂委身曲附《きよくふ》し《身をかがめ足を曲げて》、蟬を取らんと欲して《蟬を捕《つか》まえようとして》、黄雀《くわうじやく》[5]のそのかたはらに在るを知らざるなり。黄雀頸《くび》を延べ、蟷螂をついばまんと欲して《ついばもうとして》、弾丸のその下に在るを知らざるなり。この三者は、皆《みな》務めて《励んで》その前利を得んと欲して《得ようとして》、その後ろの患《うれ》へ有るを顧《かへり》みざるなり《災難があるのを心配しないのです》」と。呉王曰はく、「善きかな《良いことを言ってくれた》」と。❸すなはちその兵を罷《や》む。

（『説苑《ぜいゑん》』より）

（注）1：呉・楚＝古代中国《ちゆうごく》の春秋《しゆんじゆう》時代の国の名。　2：左右＝王のそばに常に仕えている人。　3：はじき弓＝矢のかわりに小石などをはじいて使う猟具《りようぐ》。　4：蟷螂＝かまきり。　5：黄雀＝すずめの一種。

よく出る

問1 ――線部❶「うるほす」を現代仮名遣《かなづか》いに直して書きなさい。

〔　　　　〕

問2 ――線部❷「かくのごとくすること三旦」とあるが、少年はなぜそのような行動をとったのか。その説明として適切なものを次から一つ選び、記号で答えなさい。

ア 王宮には忙《いそが》しくしている大人しかおらず、一緒《いっしょ》に遊ぶ相手がいなかったから。

イ 戦争が始まろうとしており、子どもが安全に遊ぶ場所がほかには見つからなかったから。

ウ わざと気を引くようなことをして、呉王に意見するきっかけを得たかったから。

エ まもなく始まる戦争で手柄《てがら》を立てるため、はじき弓の訓練をしておきたかったから。

（　　）

問3 ――線部❸「すなはちその兵を罷む」とあるが、呉王はなぜ出兵をやめたのか。その説明として適切なものを次から一つ選び、記号で答えなさい。

ア 楚を攻《せ》める決断がきっかけとなって周辺国で戦が始まり、さまざまな国に災難をもたらすことになると気づいたから。

イ 楚を攻めることばかり考えると隙《すき》を見せることになり、他国からの攻撃《こうげき》の危険性があることに気づいたから。

ウ 楚を攻める作戦は原始的で無謀《むぼう》に思われ、強大な兵力を誇《ほこ》る楚に勝てる見込《みこ》みが全くないことに気づいたから。

エ 楚を攻めるには多くの人を動員しなくてはならず、結果として多くの命を奪《うば》ってしまうのだと気づいたから。

（　　）

新傾向

問4 この文章についての次の会話を読み、あとの問いに答えなさい。

Aさん「これは生き物のたとえを使って王を説得した話なんだね。なぜこんなまわりくどい話し方をするのかな。」

Bさん「それは王が[X]と言ったからだよ。王に仕える人たちは大変だね。」

Aさん「ところで、『前利』とあるけれど、この文章ではどういうことかな。」

Bさん「[Y]にとっての前利は蟷螂で、蟷螂にとっての前利は蟬、そして蟬にとっての前利は[Z]というわけだね。」

1 [X]に当てはまる王の会話を文章中から探し、初めと終わりの三字をそれぞれ書き抜《ぬ》きなさい。

初め □□□

終わり □□□

2 [Y]、[Z]に当てはまる語句を本文中からそれぞれ抜き出して書きなさい。

Y（　　）

Z（　　）

2 次のA・Bを読んで、あとの問いに答えなさい。

〈岡山県立岡山朝日高校・改〉

A　唐土《もろこし》にて月を見て、よみける　阿倍仲麻呂《あべのなかまろ》

あまの原《はら》ふりさけ見れば春日《かすが》なる三笠《みかさ》の山にいでし月かも

（大空をふり仰《あお》いで見ると故郷春日にある三笠山に出た月であるなあ）

（『古今和歌集《こきんわかしゅう》』巻第九　より）

B　❶哭晁卿衡　　晁卿衡《ちょうけいこう》を哭《こく》す　李白《りはく》

日本晁卿❷辞帝都　　日本の晁卿は帝都《ていと》を辞《じ》し
征帆一片❸遶蓬壺　　征帆《せいはん》　一片《いっぺん》　蓬壺《ほうこ》を遶《めぐ》る
明月不帰沈碧海　　明月　帰らずして　碧海《へきかい》に沈《しず》み
白雲❹愁色満蒼梧　　白雲　愁色《しゅうしょく》　蒼梧《そうご》に満つ

悲愁《ひしゅう》の詩として、もう一首、晁卿衡の死をいたんだ七言［　　］を示そう。晁卿衡とは誰《だれ》であるか。阿倍仲麻呂である。

[1]杉本直治郎《すぎもとなおじろう》氏の「安倍仲麻呂研究」（昭和十五年六月、育芳社刊）によれば、仲麻呂が、遣唐使多治比真人県守《けんとうしたじひのまひとあがたもり》の随員《ずいいん》として、唐《とう》の国都長安《ちょうあん》についたのは、玄宗《げんそう》皇帝の開元《かいげん》五年、すなわち元正《げんしょう》天皇の養老《ようろう》元年である。以来、彼《かれ》は長安にとどまること五十三年[2]李白、王維《おうい》、儲光義《ちょこうぎ》、趙驊《ちょうか》らと交わり、当時の長安の文化界における一流人であった。また役人としては、秘書監《ひしょかん》、すなわち帝室《ていしつ》図書館長ともなっている。唐という国家は、異人種の任用に大胆《だいたん》なこと、ただいまのアメリカと似る点があった。晁衡《ちょうこう》とはその中国名である。

晁衡、すなわち阿倍仲麻呂は、玄宗の天宝《てんぽう》十二載《さい》、つまり孝謙《こうけん》天皇の天平勝宝《てんぴょうしょうほう》五年、一度日本へ帰ろうとしたことがある。そうして蘇州《そしゅう》から舟出《ふなで》したが、途中《とちゅう》でその舟《ふね》は難破し、仲麻呂も死亡したという噂《うわさ》が、伝わった。李白のこの詩は、その時の作である。

「日本晁卿帝都を辞し、征帆一片蓬壺を遶る」。帝都とはむろん唐の帝都長安である。そうして征《さ》りゆく帆《ほ》の一片《ひとひら》が、蓬莱《ほうらい》の島島をぬってゆくごとく見えた。蓬壺とは、蓬莱と方壺《ほうこ》、共に東方の海中にあるといわれる神仙《しんせん》の島である。

しかし舟は沈《しず》み、明月のごとくきよらかな人はほろびた。海べのそらにみちわたるものは、白い雲と人人のかなしみ。「明月は帰らずして碧海に沈み、白雲愁色蒼梧に満つ」。蒼梧とは、中国東南方の海岸地帯の地名である。

しかし、仲麻呂は死んではいなかった。舟は難破したけれども、彼は助かり、再び長安の朝廷《ちょうてい》に仕えて、終生日本には帰らずじまいであった。

（吉川幸次郎《よしかわこうじろう》・三好達治《みよしたつじ》『新唐詩選《しんとうしせん》』〈岩波新書〉より）

（注）1：杉本直治郎《すぎもとなおじろう》＝日本の歴史学者。東洋学者。　2：李白、王維、儲光義、趙驊＝いずれも唐の時代の詩人。

よく出る

問1　空欄《くうらん》には、この詩の形式を表す語が入る。当てはまる語を漢字二字で書きなさい。

［　　］

問2 ――線部❶「哭晁卿衡」に、書き下し文の読み方になるように、返り点と送り仮名《がな》を付けなさい。

哭 晁 卿 衡

問3 〰〰線部はそれぞれ「都《と》」「壺《こ》」「梧《ご》」と読むことができる。このように同じ響きの音で句末を合わせることを何というか。漢字二字で書きなさい。

問4 ――線部❷「辞」と同じ意味で漢字が使われている熟語を次から一つ選び、記号で答えなさい。

ア 辞書　**イ** 辞去
ウ 祝辞　**エ** 固辞

問5 ――線部❸「遶」のここでの意味にあたる語句を、Bの解説文から五字以内で書き抜《ぬ》きなさい。

問6 ――線部❹「愁色満蒼梧」を、解説文を参考にして現代語訳しなさい。

超難問

問7 Aの短歌が表現している心情についての説明として適切なものを、次から一つ選び、記号で答えなさい。

ア 唐の地で日本の月を眺《なが》めたいという願いが叶《かな》えられない落胆《らくたん》。
イ 故郷の地でかつて長安で眺めた月を思い出すという懐旧《かいきゅう》の念。
ウ 眼前《がんぜん》の月がかつて故郷で見た月そのものであることへの感動。
エ 唐で見る月が今日本で出ている月と同じであるという喜び。

問8 Bの漢詩の「明月」が表すものは、Aの和歌の「月」に対してどう異なっているか。その違《ちが》いを、わかりやすく説明しなさい。

問9 阿倍仲麻呂と同時代に活躍《かつやく》した人の名を次から一つ選び、記号で答えなさい。

ア 清少納言《せいしょうなごん》
イ 杜甫《とほ》
ウ 司馬遷《しばせん》
エ 鴨長明《かものちょうめい》

漢字のチェック⑥

高校入試によく出る漢字に挑戦《ちょうせん》しよう。

➡解答は別冊20ページ

1 ──線部の漢字の読み方を書きなさい。

(1) ヨガで心身を鍛える。
(2) 険しい山を登る。
(3) 含蓄に富む文章を読む。
(4) 人類は自然の恩恵を受けている。
(5) 社会生活を営む。
(6) 災害で建物が崩壊する。
(7) さまざまな思い出が脳裏をよぎる。
(8) 既成の枠《わく》にとらわれない考え方。
(9) 濃縮還元《かんげん》のジュースを飲む。
(10) 調べものに時間を費やす。
(11) 夢と現実が交錯する。
(12) 身に危険が迫る。
(13) 困難に遭遇する。
(14) お経を唱える。
(15) 会の運営が円滑に行われる。
(16) 克明な観察記録を残す。
(17) 叫《さけ》びたい衝動にかられる。
(18) 平穏な毎日を送る。
(19) 念願がかなって感慨無量だ。
(20) 懐かしい写真を見る。

2 ──線部のカタカナを漢字で書きなさい。

(1) 徹夜《てつや》でケイカイにあたる。
(2) ユカイな仲間に囲まれる。
(3) 春がオトズれる。
(4) キビしい寒さになる。
(5) ダイタンなデザインの洋服。
(6) 植物ユライの石けんを使う。
(7) 独断とヘンケンで選ぶ。
(8) 湖畔《こはん》をサンサクする。
(9) ボウトウに結論を述べる。
(10) 電波ボウガイを防ぐ。
(11) トマトをサイバイする。
(12) 記憶力がオトロえる。
(13) ムダを省く。
(14) 車のハンドルをニギる。
(15) キフクに富んだ地形。
(16) ジョウダンを言って笑わせる。
(17) 賛成が過半数をシめる。
(18) 研究員としてハケンされる。
(19) 事態のシュウシュウに努める。
(20) ガイトウする項目《こうもく》をチェックする。

入試予想問題

入試予想問題①

本番さながらの予想問題にチャレンジしよう。

↓解答は別冊21ページ

制限時間 60分

得点 　点/100点

1 **次の文章を読んで、あとの問いに答えなさい。** 〈青森県・改〉

だいぶ以前に、農学専門のある先生から興味深い話を聞いたことがある。

その先生が留学していた頃《ころ》、アメリカで人間の動物観を研究するというプロジェクトがあった。そのやり方は、例えば「一番美しい動物は何か」といったような質問を並べてアンケート調査を重ね、その答えが年《ねん》齢《れい》、性別、職業、宗教、民族などでどのように違《ちが》うか調べるのだという。

このことを聞いて、それは面白そうだから日本でも同じような調査をしようという話になった。うまく行けば日米比較《ひかく》文化論になるかもしれない。というわけでさっそく試みたのだが、これがどうもうまく行かない。アメリカでなら「一番美しい動物は」ときけば、すぐ「馬」とか「ライオン」とか、何か答えが返って来る。ところが同じ質問を日本人にすると、「さあ、何だろうな」とはなはだ歯切れが悪い。そこを無理に、何でも一番美しいと思うものを挙げてほしいと言うと、「そうだなあ、夕焼けの空に小鳥たちがぱあっと飛び立っているところかな」といったような答えになる。「これでは比較は無理だから、結局諦《あきら》めました」とその先生は❶クショウしていた。

私がこの話を聞いて興味深いと思ったのは、それが動物観の差異以上に、日本人とアメリカ人の美意識の違いをよく示すものと思われたからである。

アメリカも含《ふく》めて、西欧《せいおう》世界においては、古代ギリシャ以来、「美」はある明確な秩序《ちつじょ》を持ったもののなかに表現されるという考え方が強い。その秩序とは、左右相称《そうしょう》性であったり、部分と全体との比例関係であったり、あるいは基本的な[1]幾何《きか》学形態との[2]類縁《るいえん》性など、内容はさまざまであるが、いずれにしても客観的な原理に基づく秩序が美を生み出すという点においては一貫《いっかん》している。逆に言えば、そのような原理に基づいて作品を制作すれば、それは「美」を表現したものとなる。

典型的な例は、現在でもしばしば話題となる八頭身の美学であろう。人間の頭部と身長が一対八の比例関係にあるとき最も美しいという考え方は、紀元前四世紀のギリシャにおいて成立した美の原理である。ギリシャ人たちは、このような原理を「カノン（規準）」と呼んだ。「カノン」の中身は場合によっては変わり得る。現に紀元前五世紀においては、優美な八頭身よりも荘重《そうちょう》な七頭身が規準とされた。だが七頭身にせよ八頭身にせよ、何かある原理が美を生み出すという思想は変わらない。ギリシャ彫刻《ちょうこく》の持つ魅力《みりょく》は、この美学に由来するところが大きい。

もっとも、この時期の彫刻作品はほとんど失われてしまって残っていない。残されたのは大部分ローマ時代のコピーである。しかししばしば不完全なそれらの模刻作品を通して、かなりの程度まで原作の姿をうかがうことができるのは、美の原理である「カノン」がそこに実現されているからにほかならない。原理に基づいて制作されている以上、彫刻作品そのものがまさしく「美」を表《あら》わすものとなるのである。

だがこのような実体物として美を捉《とら》えるという考え方は、日本人の美意識のなかではそれほど大きな場所を占《し》めているようには思われない。日本人は、遠い昔から、何が美であるかということよりも、むしろどのような場合に美が生まれるかということにその感性を働かせて来たようである。それは「実体の美」に対して、「状況《じょうきょう》の美」とでも呼んだらよいであろうか。

例えば、「古池や蛙《かわず》飛びこむ水の音」という一句は、「古池」や「蛙《かえる》」が美しいと言っているわけではなく、もちろん「水の音」が妙音《みょうおん》だと主張しているのでもない。ただ古い池に蛙が飛びこんだその一瞬《いっしゅん》、そこに生じる緊張感《きんちょうかん》を孕《はら》[3]んだ深い静寂《せいじゃく》の世界に芭蕉《ばしょう》はそれまでにない新しい美を見出《みいだ》した。そこには何の実体物もなく、あるのはただ状況だけなのである。

日本人のこのような美意識を最もよく示す例の一つは、「春は曙《あけぼの》、ようようしろくなりゆく山ぎはすこしあかりて……」という文章で知られる『枕草子《まくらのそうし》』冒頭《ぼうとう》の段であろう。これは春夏秋冬それぞれの季節の最も美しい姿を鋭敏《えいびん》な感覚で捉えた、いわば模範《もはん》的な「状況の美」の世界である。すなわち春ならば夜明け、夏は夜、そして秋は夕暮《ゆうぐれ》というわけだが、その秋について、清少納言《せいしょうなごん》は次のように述べている。

秋は夕暮《ゆふぐれ》。夕日のさして山の端《は》いと近うなりたるに、烏《からす》の寝《ね》どころへ行くとて、三つ四つ二つ三つなど、飛びいそぐさへあはれなり。まいて雁《かり》などのつらねたるがいとちひさく見ゆるは、いとをかし……。

これはまさしく「［A］」というあの現代人の美意識にそのままつながる感覚と言ってよいであろう。日本人の感性は、千年の時を隔《へだ》ててもなお変わらずに生き続けている。

「実体の美」は、そのもの自体が美を表わしているのだから、状況がどう変わろうと、いつでも、どこでも「美」であり得る。[4]《ミロのヴィーナス》は、紀元前一世紀にギリシャの植民地であった地中海のある島で造られたが、二一世紀の今日、パリのルーヴル美術館に並べられていてもその美しさに変わりはない。❷仮に砂漠《さばく》のなかにぽつんと置かれても、同じように「美」を主張するであろう。だが「状況の美」は、状況が変われば当然消えてしまう。春の曙や秋の夕暮れの美しさは、長くは続かない。状況の美に敏感《びんかん》に反応する日本人は、それゆえにまた、美とは万《ばん》[5]古不易《こふえき》のものではなく、うつろいやすいもの、はかないものという感覚を育てて来た。うつろいやすいものであるがゆえに、いっそう貴重で、いっそう愛すべきものという感覚である。❸日本人が、春の花見、秋の月見などの季節ごとの美の鑑賞《かんしょう》を、年中行事として特に好んで今でも繰《く》り返しているのも、そのためであろう。

実際、清少納言が的確に見抜《みぬ》いたように、日本人にとっての美とは、季節の移り変わりや時間の流れなど、自然の営みと密接に結びついている。そのことは江戸《えど》期に広く一般大衆《いっぱんたいしゅう》のあいだで好まれた各地の名所絵を見てみればよくわかる。

名所絵とは、文字通りそれぞれの土地において見るべき場所、訪れる価値のある所を描《えが》き出したものだが、単なる場所ではない。例えば、広《ひろ》[6]重《しげ》の晩年の名作《名所江戸百景《めいしょえどひゃっけい》》を見てみると、雪晴れの日本橋《にほんばし》とか、花の飛鳥山《あすかやま》など、季節ごとの自然と一つになった情景が描《えが》き出されている。事実この連作シリーズは、まとまったかたちとしては、春夏秋冬の四部に分類されている。しかしそのように分類したのは広重《ひろしげ》ではない。広重は、江戸《えど》のなかの見るべき場所を、特に順序立てずに、いわば思いつくままばらばらに描き出して行った。それが好評であったので、次々と続けて、百十八点まで描いたところで彼《かれ》は世を去った。その後版元が、別の画家に追加分を一点と扉絵《とびらえ》の制作を依頼《いらい》し、あわせて計百二十点の「揃物《そろいもの》」として刊行したが、そのときに内容を四季に分類したのである。ということは、当初ばらばらに描いた「名所」が、いずれも季節の風物や年中行事と結びついていたので、自ずから分類が成り立ったということである。つまり名所そのものが、江戸の町と自然との結びつきによって生まれて来たのである。

　かつての名所絵がそうであったように、今日でも人々は、旅をするとその記念や土産《みやげ》ものとして、土地の観光絵葉書を買い求める。パリやローマに行くと、土産物屋の店先にさまざまの絵葉書が並んでいるが、そのほとんどは、ノートルダム大聖堂とか、凱旋門《がいせんもん》とか、エッフェル塔《とう》など、代表的なモニュメントをそのまま捉《とら》えたものである。だが日本の観光絵葉書を見てみると、満開の桜の下の清水寺《きよみずでら》とか、雪に覆《おお》われた金閣寺《きんかくじ》など、季節の粧《よそお》いをこらしたものが圧倒《あっとう》的に多い。もちろん、清水寺も金閣寺も、それ自体見事な建築だが、観光写真はそこに自然の変化を組み合わせることを好むのである。それもまた、「　B　」を愛する日本人の美意識の表われであろうか。

（高階秀爾《たかしなしゅうじ》「実体の美と状況の美」『日本人にとって美しさとは何か』〈筑摩書房〉より）

（注）1：幾何《きか》学形態＝形状・図案などが法則的・規則的であるさま。　2：類縁性＝形状・特質などが似ていて近い関係にあること。　3：孕《はら》んだ＝中に含《ふく》みもった。　4：ミロのヴィーナス＝一八二〇年にギリシャのミロス島で発見された大理石の立像。　5：万古不易＝いつまでも変わらないこと。　6：広重＝歌川《うたがわ》広重。江戸時代の浮世絵《うきよえ》師。

(1) ――線部❶「クショウ」を正しく漢字に直して書きなさい。【2点】

(2) ＝＝線部「客観」の対義語を漢字で書きなさい。【3点】

(3) 「　A　」に入る適切な内容を本文中から二十五字で探し、その初めの五字を書き抜《ぬ》きなさい。【10点】

(4) ――線部❷「仮に砂漠《さばく》のなかにぽつんと置かれても、同じように『美』を主張するであろう。」とあるが、その理由として適切なものを次から一つ選び、記号で答えなさい。【5点】

ア　ミロのヴィーナスは、美の原理である「カノン（規準）」を実現している作品だから。

イ　ミロのヴィーナスは、不完全な作品だが、時を隔《へだ》てても失われずに存在しているから。

ウ　ミロのヴィーナスの美が生まれる場面と条件については、明確な規準があるから。

エ　ミロのヴィーナスの美は、砂漠という何もない場所に置かれると、さらに際《きわ》立つから。

(5) ――線部❸「日本人が、春の花見、秋の月見などの季節ごとの美の鑑賞《かんしょう》を、年中行事として特に好んで今でも繰《く》り返している」理由を次のようにまとめた。□に入る適切な内容を、本文中の語句を用いて十字以内で書きなさい。（句読点も字数に数えます）【5点】

季節ごとの自然の美は、永遠には続かず、いずれ終わってしまうものだからこそ、ひときわ□と日本人は感じるから。

(6) 「B」に入る適切な言葉を文章中から四字で書き抜きなさい。【5点】

(7) 筆者はある観点から西欧《せいおう》と日本を比較《ひかく》して「実体の美」と「状況《じょうきょう》の美」という違《ちが》いを明らかにした。その観点とは何か。文章中から漢字三字で書き抜きなさい。【10点】

(1)

(2)

(3)

(4)

(5)

(6)

(7)

2 次の文章を読んで、あとの問いに答えなさい。〈宮城県・改〉

（中学生の伊藤風味《いとうふうみ》の家は老舗《しにせ》の和菓子《わがし》屋である。父であり店主の和志《かずし》は、風味の祖父が生前残したノートを参考に作り上げたお菓子を三島《みしま》さん親子や周りの人々に試食してもらうことにした。）

「まあ、おいしい」

「思いがけない味がどんどん出てきますね」

典子《のりこ》[1]が声を上げ、三島さんも感心したように目を丸めている。それを見届けて、❶風味もお菓子を口に運んだ。大人たちの声の中、風味はゆっくりとお菓子を口に運ぶ。歯を立てる。

ぱりん。薄氷《はくひょう》が割れるような、微細《びさい》な音とともに、黒砂糖《くろざとう》の素朴《そぼく》な甘《あま》さと、香《こう》ばしさが広がった。

むにゅ。やわらかな餡子《あんこ》が飛び出してきた。餡子はほどよくつぶれていて、甘みよりも豆のおいしさが勝つくらいだ。塩気もちゃんと感じられ、それが黒蜜《くろみつ》の甘さをより鮮明《せんめい》にしていた。

すくっ。最後にたどりついたカステラは、いさぎよいほどの歯ごたえだった。硬《かた》いような、やわらかいような、表現がつかなくて、せつなくなるほどだが、とにかくかみしめてしまいたい。

風味は、しっかりと口を動かした。歯、舌、筋肉……。口の中の機能をすべて使って味を確かめる。鼻に抜《ぬ》ける香《かお》りが空気に散ってしまうのももったいないくらいだった。

甘み、香ばしさ、塩気、ごくわずかな苦み。それらはすぐに合わさって、からみ合って、複雑なおいしさへと変わっていく。これをこくのあるおいしさと言うのだろうか。とにかく飲みこんでなくなってしまうのが、悲しいほどにおいしかった。

こくん。

やがて風味《ふうみ》はお菓子《かし》を飲みこんだ。抵抗《ていこう》はしてみたものの、いったん口に入れたものを、人の体は取りこむことになっている。食道に落ちていくのが、自然の成り行きだ。惜《お》しいけれど。

「おいしかったあ」

心からの声を上げた風味だったが、すぐに首をひねった。ひとりだけ、まだお菓子を食べていない人を見つけたのだ。
[2]カンミだった。カンミは黒くて丸いお菓子をのせた手のひらを、じっと見つめて微動《びどう》だにしない。
「おばあちゃん、どうしたん？」

風味がたずねると、やっとお菓子を指でつまんで、

「これが[3]おじいちゃんがつくりたかったお菓子なんやねえ」

と、しみこむような声で言った。そして、おしいただくように、お菓子を額に近づけてから、ゆっくりと口に運んだ。

目をつぶっている。丁寧《ていねい》に味わっているようだが、その顔には、[4]カンミとうの味見をするときのような厳しさはない。体の力が、リラックスしているように抜《ぬ》けている。やがて、目を開けたカンミは、長く深い息とともに言った。

「ああ、よかった」

こんなに嬉《うれ》しそうなカンミを見たのは、風味は初めてのような気がした。なにしろ、顔にも声にも、灯《あか》りがともったようなのだ。

「なんだか伊藤《いとう》さん、顔色が良くなりましたよ」

看護師の三島さんも指摘《してき》したくらいだ。

「ほら、やっぱり薬より効く」

---

[5]おじいさんは、確信したように言い、
「お互《たが》いに寿命《じゅみょう》がのびたろうよ」

と笑った。その言葉に、風味はふと思い出したことがあった。[6]八卦屋《はっけや》さんの占《うらな》いだ。

おばあちゃんが、真に食べたかったものって、これかもしれない。

そんな風味の思いを裏付けるように、カンミは、

「やっと食べられた」

と、顔いっぱいに笑い、

「上出来やね！」

と、特大の太鼓判《たいこばん》を捺《お》した。

「そうやろう、そうやろう」

みんなの満足を確かめて、和志《かずし》は達成感をみなぎらせた。

「で、これは、なんというお菓子かね」

おじいさんがたずねた。湯のみのお茶が減っていないのは、口の中のおいしさをそのままにしておきたいのだろう。

「そうやった。それが、まだ決まってないんですよ」

和志がはっとしたように答える。

「娘《むすめ》の、風味っていう名前からとろうとは思っとるんですけどね」

「風味ケーキがいいんやないね。[7]ハイカラで」

カンミが言い、

「アン風味はどうかしら。餡《あん》はカタカナでね」

典子《のりこ》も言った。

「そうねえ」

どちらも悪くはないと、風味は思う。

そのとき、おじいさんが口を開いた。

「風味さんじゅうまるっちゅうのは、どうやろうか」

❷「さんじゅうまる、ですか？」

和菓子の名前にしては、とっぴな感じの名前を風味は繰《く》り返した。

「ああ。カステラ良し、餡子良し、黒蜜《くろみつ》良しのさんじゅうまる。今から考えりゃあ、炭鉱の仕事は三重苦やったきな。危なくて、暗くて、汚《きたな》かった。わしら毎日、汗《あせ》まみれの黒狸《くろだぬき》みたいになって、穴から出てきよった」

「[8]3Kの元祖みたいな仕事やったね」

三島さんが同意すると、おじいさんは、

「このお菓子は、あのころの石炭みたいに輝《かがや》いとる。わしゃ、自分のしてきた仕事に丸をいっぱいつけちゃりたいんよ」

ふっと優しい顔をした。

「それはいいですね」

カンミも深くうなずいた。

「炭鉱の仕事あっての今ですきね」

カンミはいつもそう言うのだ。今の人の生活は、昔の人が積み重ねた上にある。便利になったいいところも、おかげで都合が悪くなったところもあるけれど、いいところの裏には、必ず苦労した昔の人がいるのだと。

「やけん、炭鉱の人たちには、感謝せんといかんとよ」

「うん」

いつもなら、「うざっ」と返すところだが、風味は神妙《しんみょう》な返事をした。おじいさんの話をきいたせいか、ずっと和志の苦労を見ていたせいか、すんなり胸に入ってきた。

「そうやな。[9]筑豊《ちくほう》のこれからに願いもこめてな。過去、現在、未来、みんな丸のさんじゅうまるやな」

和志がうなずくと、典子《のりこ》がメモ帳を出してきた。

「こうしたらいいんやないかしら」

風味◎、と記号を書く。

「おう、そりゃいいな。なんかしらん、しゃれとる」

と和志は手を打った。

風味は、

❸「風味さんじゅうまる」

とつぶやいてみた。胸の中で、さんじゅうまるが転がる音が鈴《すず》のようにきこえた。

（まはら三桃《みと》『風味◎《さんじゅうまる》』〈講談社〉より）

（注）1：典子＝風味の母。　2：カンミ＝風味の祖母。　3：おじいちゃん＝風味の祖父。　4：カンミとう＝カンミの名前をとった甘《あま》いお菓子。　5：おじいさん＝三島さんの父。三島さんと店にいた。　6：八卦屋さん＝近所の占い師。　7：ハイカラ＝しゃれていること。　8：3K＝ここでは、過酷《かこく》な労働環境《かんきょう》を指す。
9：筑豊＝福岡《ふくおか》県と大分《おおいた》県にまたがる地域。炭鉱があった。

(1)　═線部「られ」と同じ働きをしているものを次から一つ選び、記号で答えなさい。【5点】

ア　私は犬に追いかけられた。

イ　私は旅の思い出を忘れられない。

ウ　私は母から家事を任せられた。

エ　私は父に褒《ほ》められたい。

(2) ——線部❶「風味《ふうみ》もお菓子《かし》を口に運んだ」とあるが、風味が感じたお菓子のおいしさがどのように表現されているか。適切なものを次から一つ選び、記号で答えなさい。【10点】

ア 擬音《ぎおん》語や擬態語を用いて、生き生きと表現されている。

イ 体言止めを用いて、複雑な味が簡潔に表現されている。

ウ たとえを用いて、目に見えるように表現されている。

エ 心情語を多用することで、感動の強さが表現されている。

(3) ——線部❷「さんじゅうまる、ですか?」、❸「風味さんじゅうまる」とあるが、「風味さんじゅうまる」というお菓子の名前に対する風味自身の印象の変化を、四十五字以内で説明しなさい。【10点】

(1)	(2)	(3)

---

3 次の文章を読んで、あとの問いに答えなさい。 【富山県・改】

よく物を心にとめて《記憶《きおく》して》わすれぬもの《者》が、「むかしいづこ《どこかの》の山にのぼりし《登った》が、かかる《こんな》峰《みね》に松のいくもと《数本》ありて、そのうちにかく枝たれたるに《こんなに枝が垂れているのに》、いま一木は高くそびえてたてり[a]。そのかたはらにまき[1]の大きやかなるが、横ざまに生ひいでて、青つづら[2]のかかりしさま」などとかたるに[b]、「いとこまやかにおぼえ給《たま》ふ物《もの》かな《覚えていらっしゃるのですね》。君が庭も、その山によりて《まねて》つくり給ひしや。松のあるなかにまきのみえたるが、姿はいかにありしか《どのようであったか》」などたづぬれば、「わが庭にも□のありしや《あったかな》。つね見はべればわすれたり[c]」といひき[d]。

（『花月草紙《かげつぞうし》』より）

（注）1：まき＝ヒノキ・スギなどの常緑の針葉樹の総称《そうしょう》。 2：つづら＝つる草の一種。

(1) ……線部a～dの中で、主語に当たるものが他と異なるものを一つ選び、記号で答えなさい。【5点】

(2) ——線部「かたはら」を現代仮名遣《かなづか》いに直しなさい。【5点】

(3) □に入る言葉として適切なものを次から一つ選び、記号で答えなさい。【5点】

ア 山　**イ** 峰　**ウ** まき　**エ** つづら

(4) この話の面白さはどんなことか。五十字以内で簡潔に説明しなさい。【10点】

(1)	(2)	(3)	(4)

4 **「私の好きな格言・ことわざ」という題で作文しなさい。ただし、その言葉が好きな理由を含《ふく》めて六十字以内で書くこと。**【10点】

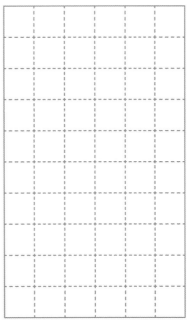

入試予想問題②

本番さながらの予想問題にチャレンジしよう。

↓解答は別冊23ページ

制限時間 60分

得点 点/100点

1 次の文章を読んで、あとの問いに答えなさい。

〔筆者は、人がキツネにだまされたという話がなくなったのは一九六五年以降であると述べ、その原因について複数の説を紹介《しょうかい》する。以下はその一部である。〕

進学率が高まったことにその原因をみようとする人々もいる。確かに一九六〇年代に入ると日本の高校、大学への進学率は高まり、その動きは農山村でもひろがっていった。

そのことが教育の内容を変えた。

かつての村の教育には、学校教育、家族ならびに地域の人々が日常のなかで教える教育、子どもたちのなかで先輩《せんぱい》から後輩へと教えていく教育という三つの形態があった。その三つの教育が重なり合って村の教育は成立していた。さらに村の教育で重要な役割を果たしたものに村の「通過儀礼《ぎれい》」、「年中行事」があり、それは生まれてから大人になる過程でおこなわれる儀式であったり、祭りであったりする。

たとえば四月の花祭りは子どもたちがその準備をふくめていっさいを取りしきる、という決まりになっている村は多かった。村のお堂とそこに行く参道を花で[a]ウめ、甘茶《あまちゃ》をつくる。子どものなかの年長者が幼少の者に教えながら準備していく。これもまた村の「通過儀礼」のひとつなのだけれど、この祭りをとおして年長者が幼少者に教えることはたくさんあった。もちろん大人たちが準備する祭りのときにも、子どもたちはそれを手伝いながら必要な技術をふくめていろいろなことを教わった。

村の教育がこのような❶多層的な性格をもっていたのは、かつての教育が村で暮らす人間を育てることに軸足《じくあし》をおいていたからである。もちろん村で暮らすからといって、「国語」や「算数・数学」「社会」「理科」といったことが必要ないわけではない。そういう素養がなければ将来困ることも出てくるだろう。だがもっと重要なのは、この村で暮らせるようになることである。そのためにはまず村の自然を知らなければならない。自然に対する人間の姿勢や自然を活用する技も身につけなければならない。生活上必要なものをつくりだし、村の祭りの意味や村のあり方を知る能力も身につけなければならない。

村で苦労なく暮らせる人間を育てるには多様な能力を身につけさせなければならず、だからその過程には家族、地域の人々、先輩たちが加わり、ときに祭りや儀礼をとおして多様な教育体系をもたなければならなかったのである。

進学率が向上したとき、この村の教育体系が[b]クズれた。受験に合格できる試験能力をつけることが教育になり、家族、地域、先輩などから教わる「村の教育」が不要視されるようになった。一九六〇年代には村の「通過儀礼」も急速に減少していった。教育の基盤《きばん》は学校に一元化され、その学校教育を補うかたちで家での勉強、塾《じゅく》などが展開していく。

その結果、学校の教育内容も変わった。村で暮らす人間を育てる一環《いっかん》のなかにあった学校が、受験を最優先する学校に変わったのである。それは当然子どもたちの精神世界を変容させる。村の自然を教わり、村の神々を教わり、村で暮らす技や知恵《ちえ》を教わっていた村の教育の世界が消えた以上、そしてひたすら受験を目標にする以上、子どもたちの精神世界が変わらないはずはない。ところがそれに伴《ともな》って親たちの精神世界も変わっていったのである。なぜならこの過程では、伝統的な村の教育に価値をみいださなくなる大人の世界が生まれていくことをも意味しているからである。変わったのは子どもだけではない。

受験教育化することによって学校教育が偏差値《へんさち》を上げるための合理主義に支配されるようになった頃《ころ》、子どもも、親も、この合理主義に価値をみいだす意識を身につけていった。それは当然ながら合理的にはとらえられないかたちで展開していた伝統教育を衰退《すいたい》させるばかりでなく、この伝統教育とともにあった人間の精神をも衰弱させた。❷進学率の向上とともにおこった村人の精神世界の変化。それがキツネと人間のあいだに成立していた非合理的なコミュニケーションを不可能にしていったと、この第四の説を提唱する人々は言う。必ず「正解」があるような教育を人々が求めるようになったとき、「正解」も「誤り」もなく成立していた「知」が弱体化していったのである。

死生観の変化を原因としてあげる人々もいる。

日本の伝統的な社会では、生も死も今日のような意味での個人のものではなかった。もちろんどんな社会においても、生と死に個人のものという一面があることは確かである。だが現代のそれは、個人のものとしての生と死が丸裸《まるはだか》になっているのに対して、伝統的な社会では、個人の生と死を自然やそれと結ばれた神仏の世界、村の共同体が包んでいたのである。

（略）

生と死は、自然と共同体という包んでくれる世界があるからこそ成立するものであった。

ところが近代社会が形成されてくると、人間は自然から離脱《りだつ》し、共同体からも離散するようになる。包んでいる世界がなくなったのである。そして、そのことによって、生も死も裸の個人のものになった。生と死が個人の孤独《こどく》な営みに変わったといってもよい。それは信仰《しんこう》のあり方も変えた。包まれているものとともにあった信仰が、裸の個人を救済する信仰に変わったのである。「包まれているものとともにあった信仰」とは、「風土とともにあった信仰」、「土地とともにあった信仰」、「場とともにあった信仰」といいなおしてもよい。

人間が太陽の光に包まれ、風に包まれて生きているように、かつての日本の人々は、自然に包まれ、共同体に包まれて存在している自己を感じていた。だから自分をみつめようとすると、そのこと自体のなかに自然や共同体が入ってくる。自然や共同体に包まれて成立した「場」のことを風土と呼ぶなら、自己とはたえず風土とコミュニケイトするなかに成立するものだったのである。

私は村が伝統社会の様子を大方失っていったのは、やはり一九六〇年代だったのではないかと思う。もちろん「伝統社会の様子」はゼロになったわけではなく、今日もなお残っているものがある程度はある。しかし一九六〇年代には、伝統社会から継承《けいしょう》してきた多くのものが、村においても失なわれている。前記したさまざまな通過儀礼《ぎれい》のかたちが消えていったのも、一九六〇年代のことである。

とともに一九六〇年代に入ると、家の断絶ということが少しづつ村でも意識されるようになる。ときには集団就職というかたちで、ときには進学というかたちで、ときには個人で仕事を求めて、村を去っていく若者が生まれはじめた。跡取《あとと》りのいない家の出現である。そうなれば先祖から子孫までを永遠に包んでいく自然と共同体という感覚も薄《うす》れる。自然と共同体が、永遠の絶対性をもっていたものから、自分の生活にとって有効なものか無効なものかという、プラグマティック[1]な対象に変わっていくのである。

都市ほどではないにせよ、一九六〇年代には、こうして、❸村でも人間たちの生の感覚、死の感覚が変わっていった。少しづつ、都市型の、個人のものになっていったといってもよい。包まれていた世界と響《ひび》きあっていた個人が、響きあわない個人になっていったのである。

そのとき響きあっていた自然、あるいは自然の生き物たちとの結び方が変わったとしても、それは当然の結果であろう。

人間がキツネにだまされなくなる。その原因のひとつにこのような人間の変化をあげる人たちがいる。

（内山節《うちやまたかし》『日本人はなぜキツネにだまされなくなったのか』講談社より）

（注）1：プラグマティック＝実利的。実際的。

---

(1) ……線部a、bのカタカナを漢字に直して書きなさい。【各5点】

(2) ――線部❶「多層的な性格をもっていた」とはどういうことか。その説明として適切なものを次から一つ選び、記号で答えなさい。【5点】

ア 村人はあらゆる年齢《ねんれい》に向けた通過儀礼を準備していたということ。

イ 村で生きるためにはあえて進学する必要がなかったということ。

ウ 大人と子どもが分け隔《へだ》てなく対等な関係であったということ。

エ 学校教育だけでなく、地域で教える教育もあったということ。

(3) ――線部❷「進学率の向上とともにおこった村人の精神世界の変化。」とあるが、村人たちはどのような精神世界を持つようになったのか。それを表す言葉を文章中から五字以内で書き抜《ぬ》きなさい。【5点】

(4) ――線部❸「村でも人間たちの生の感覚、死の感覚が変わっていった」とあるが、どのように変わっていったのか。以前との変化がわかるように、次の（　）に当てはまる言葉をAは六字、Bは二字で書き抜きなさい。【完答5点】

（　A　）のもとにあったものが、（　B　）のものになっていった。

(5) この文章では、人間がキツネにだまされなくなった原因についての二つの説が挙げられている。どちらの説に、より説得力を感じるか、あなたの意見をその理由とともに八十字以内で述べなさい。ただし、原稿《げんこう》用紙の書き方にしたがい、また、二段落に分けて書くこと。【10点】

(1)		(2)	(3)	(4)		(5)
a	b			A	B	

---

2 次の文章を読んで、あとの問いに答えなさい。〈東京都H28・改〉

〔中学生の市居一真《いちいかずま》は、かつて一度だけ見たことのある祖父が描《か》いた絵を探しに屋根裏部屋に上がってきた。〕

壁際《かべぎわ》には、古い家具が並んでいた。

取っ手のとれたタンス、ほこりをかぶった箱形のテレビ、脚《あし》の取れた小さなちゃぶ台。

どれも傷《いた》んで、ぼろぼろになっている。今では、古道具屋でしかお目にかかれないような代物だ。

「屋根裏部屋には、おばあちゃんの遺品が置いてあるわ。その中に、おじいちゃんの絵があるはずよ」

鍵《かぎ》を手渡《てわた》しながら、1祥子《しょうこ》が言った。

「あの花火の絵が……」

「そう。あの絵ね。おばあちゃんもとても気に入っていたんですって。この絵だけは保管して欲しいって、何度もお父さんに頼《たの》んだそうよ。お父さん、仕方なく、おばあちゃんの遺品といっしょに屋根裏にしまい込《こ》んだの。まさか、あんたが見つけるなんて。見つけて、心を惹《ひ》かれるなんてねえ……」

祥子はそこで深いため息を吐《は》いた。

「こういうことって……、何て言うんだろう、運命？　そう、運命ってほんとうに、あるのかしらね」

祥子は考えるように、しばらく目を伏《ふ》せた。それから、顔を上げ一真の肩《かた》を手のひらで叩《たた》いた。

「運命か、そうでないのか、あんたの目で確かめてきなさい」

うなずいて、鍵《かぎ》を握《にぎ》りしめた。そして、今、ここにいる。

どこにあるのだろう。あの絵は。
❶薄暗《うすぐら》い室内に視線を巡《めぐ》らせる。目を凝《こ》らす。
タンスの後ろに白い布の包みが見えた。四角い大きな包みだ。一真《かずま》は近寄り、そっと引き出してみる。

白布で梱包《こんぽう》されたカンバスだ。

手触《てざわ》りでわかる。五十号のカンバスだ。

布で巻かれ、荷造り用のロープが十文字に掛《か》けられている。いかにもおざなりな梱包のしかただった。

親父《おやじ》の絵なんて、見るのも嫌《いや》だ。

2一成《かずなり》のつぶやきが聞こえる気がした。

ロープをほどき、布を取り去る。

「あ……」

息を飲みこんでいた。心臓が鼓動《こどう》を打つ。その音が耳に響《ひび》いた。

どくん。どくん。どくん。
❷花火の絵だった。
夜空を背景に無数の花火が開いている。あるものは丸く、あるものはしだれ柳《やなぎ》のように、あるものは噴水《ふんすい》に似た形で。

花火と空より他のものは何も描《か》かれていなかった。人も建物も木々も岩も、何一つない。花火だけしかない。

紅《あか》、橙《だいだい》、臙脂《えんじ》、黄色、金色、碧《みどり》、青……そして、言葉では表せない無数の色が五十号のカンバスいっぱいに広がっている。

迫力《はくりょく》があった。美しいとか上手《うま》いとかではない。見る者を圧倒《あっとう》するような迫力があった。花火一つ一つに生命があって、その生命をせいいっぱい、見せつけているようだ。

大きな力、大きな何かが、こちらにぐいぐいと迫《せま》って来る。

これは祖父の執念《しゅうねん》だろうか。一瞬《いっしゅん》のうちに消えてしまう花火をカンバスに永遠に留《とど》めようとする執念だろうか。

一瞬を永遠にしてしまう。

祖父はそんな執念に突《つ》き動かされて、この絵を描いたのだろうか。

わからない。考えてわかることではないのだ。

どんな人だったんだろう。

家族も家庭もすてるほど絵にとりつかれた祖父とは、どんな人だったのだろうか。

汗《あせ》が滴《しただ》り落ちる。

身体中を汗で濡《ぬ》らし、一真は祖父の遺《のこ》したカンバスの前に立ち尽《つ》くしていた。

「へえ、おまえのじいさん、そんなすげえ人だったのか」

久邦《ひさくに》がペットボトルの水を飲みほし、口元をぬぐう。

「すげえかどうかわからないけどな」

「その花火の絵、見てみたいな」

美穂《みほ》が空を見上げる。

一真、久邦、美穂、そして、杏里《あんり》。四人は水鳥《みずどり》公園の雑木林の中にいた。杏里と美穂はベンチにこしかけ、一真と久邦はブナの根本に座っている。今日も朝から太陽がぎらつき、最高気温は三十五度近くまで上がるらしい。けれど、雑木林の中はひやりと冷たい。池の水面を渡《わた》った風がそのまま吹《ふ》き込んでくる。久邦曰《いわ》く「無料の天然休憩室《きゅうけいしつ》」だった。

杏里がオレンジジュースの缶《かん》を握り、身を乗り出してきた。

「お父さんは、市居《いちい》くんが屋根裏部屋に上がったこと、知ってるの」

「ああ、知ってる。というか、おれが親父に話した」

「自分から話したんだ」

「うん」

「お父さん、なんて？」

「うん……」

夜、仕事から帰ってきた父と向かい合った。屋根裏部屋に上がり、祖父の作品を見たこと、圧倒されたこと、自分もまた絵の道に進みたいと思っていること。全てを隠《かく》さず話した。そして、最後に一番大事なことを伝えた。

「おれ、じいちゃんの絵に圧倒された。最初に見た時もガキだったけど、ガキなりにすごい衝撃《しょうげき》を受けたんだと思う。それは事実なんだけど、でも……何というか、わかったんだ。おれの描きたいものとは全然、違《ちが》うんだって。どこが違うかうまく説明できないけど、おれは、じいちゃんを追いかけるんじゃなくて、おれの描きたいものを描いていきたいんだ。じいちゃんのように急がない。ゆっくりと自分が選んだ道を進みたいって、そう思っている。父さん、おれ、自分で選びたいんだ」

一成は黙《だま》っていた。❸黙ったまま、息子を見つめている。

「あなた、お願い。一真の言うことを」

「おまえは口をはさむな」

祥子《しょうこ》の言葉をぴしゃりと遮《さえぎ》って、一成はもう一度、息子を見つめた。

「描きたいものが、あるわけか」

「うん、ある。人物なんだけど、どうしても描きたい人がいるんだ」

「自分で選んだ道をなんて、そんなに甘《あま》いものじゃないぞ。いつまでも夢だけじゃ生きていけない。現実は厳しい。おまえが思っている何十倍もな」

わかっているとは答えられなかった。現実の過酷《かこく》さも非情さも、何一つ知らないのだ。でも、描きたかった。描くことを諦《あきら》めたくはなかった。諦めるつもりもなかった。

「好きにしろ」

一成が立ち上がる。ふいっと横を向いた。

「そのかわり、自分で道を選んだのなら泣き言は言うな。失敗しても挫《ざ》折《せつ》しても、誰《だれ》かのせいにはできんのだ」

❹今度は答えられた。

「わかってる」

杏里がふっと身体の力をぬいた。

「すごいね、市居くん。お父さんにちゃんと伝えられたんだ」

「ちゃんとかどうかは、わかんないけどな」

「伝えようとしただけで、すごいよ」

「どうかな」

久邦が真顔で言った。

「まだ始まったばっかだぜ。すごいかすごくないか、何もかも、これからだよな、一真」

「おっ、ヒサ、今日はやけにクールじゃん」

美穂がにやりと笑う。

「けど、その台詞《せりふ》、何かのドラマで聞いたことあるんだけど」
「いてっ。ばれちゃった。いててて」
久邦《ひさくに》が頭を抱《かか》える。杏里《あんり》と美穂《みほ》の笑い声が重なった。一真《かずま》も笑う。
そうだ。まだ、始まったばかりだ。何もかもこれからだ。
一真は顎《あご》を上げ、深く息を吸い込《こ》んだ。

（あさのあつこ『一年四組の窓から』〈光文社〉より）

（注）1：祥子《しょうこ》＝一真の母。　2：一成《かずなり》＝一真の父。

(1) 〰〰線部「いかにも」が係る言葉を一文節で書き抜《ぬ》きなさい。【5点】

(2) ――線部❶「薄暗《うすぐら》い室内に視線を巡《めぐ》らせる。目を凝《こ》らす。」とあるが、この表現から読み取れる一真の様子として適切なものを次から一つ選び、記号で答えなさい。【5点】

ア 薄暗い中では遺品である祖父の絵を見つけることができず、本当に置いてあるのかと不安になりながら、隅々《すみずみ》まで確かめている様子。

イ 自分が心を引きつけられた祖父の絵を見つけるためにほの暗い部屋の中を見回し、それらしい物に気づいてじっと見つめている様子。

ウ 祥子の話を思い出しながら、花火を描《か》いた祖父の絵を保管した一成の真意に思いを巡らし、遺品の数々を念入りに見ている様子。

エ 保管してある祖父の絵と出会ったのは運命なのかを確かめて、祥子に伝えたいと思い、わずかな明かりの中を必死に調べている様子。

(3) ――線部❷「花火の絵だった。」とあるが、このとき一真が感じた絵の印象が表現されているひとまとまりを文章中から探して、初めの五字を書き抜きなさい。【5点】

(4) ――線部❸「黙《だま》ったまま、息子を見つめている。」とあるが、この表現から読み取れる一成の様子として適切なものを次から一つ選び、記号で答えなさい。【5点】

ア 一真の言葉をしっかりと聞き、生き方を自分で選ぶことについて一真がどれほど真剣《しんけん》に考えているのかを見極《みきわ》めようとしている様子。

イ 仕事から帰ってきたばかりの自分に対して一方的に話し続ける一真の姿に驚《おどろ》き、何と言ったらよいのかわからずに戸惑《とまど》っている様子。

ウ 祖父の絵の魅力《みりょく》についてうまく説明できずに困っている一真に対し、どうしたら励《はげ》ますことができるかをじっくりと考えている様子。

エ 屋根裏部屋に保管していた祖父の絵を一真が勝手に見たと知り、不快に感じつつも一真の反省の程度を確かめようとしている様子。

(5) ――線部❹「今度は答えられた。」とあるが、一真が「今度は答えられた」わけとして適切なものを次から一つ選び、記号で答えなさい。【5点】

ア 投げやりな態度を示した一成にいきどおりを覚え、本当はわかっていないにもかかわらず、答えてみせることで反発したかったから。

イ 思いつくままに話した自分の考えが一成から好意的に受け入れてもらえたので、将来に対する不安がなくなり勇気がわいてきたから。

ウ 人生について悲観的に話す一成の言葉によって、それまで実感できなかった現実の過酷《かこく》さや非情さについて、十分理解できたから。

エ　責任を負うつもりがあるなら生き方を自分で決めてよいという一成の言葉を聞き、途中《とちゅう》で投げ出さずに絵の道を進む覚悟《かくご》ができたから。

(6)　この文章の第一のまとまり（初め～P139上段7行目）には、途中に一行空けるべき箇所《かしょ》がある。その直前の一文の初めの五字を書き抜きなさい。【5点】

(7)　次の会話は、この文章を読んだあとに、山田《やまだ》さんと橋本《はしもと》さんが話し合った内容の一部である。[A]・[B]に入る適切な言葉を書きなさい。ただし、Aは十字以内で考えて書き、Bは十五字以内で文章中から書き抜くこと。（句読点も字数に数えます）【各5点】

山田　一真の父親の一成は、自分の父親に対して複雑な感情を持っているようだね。
橋本　だって絵に熱中したことで[A]てしまったんでしょう。
山田　そのことを知っている祥子も複雑な思いを持っているよね。
橋本　それでも、一真の「絵を描きたい」という願いを、夫である一成が受け入れることを望んでいることが伝わって来るよね。
山田　一真は、母や父とのやりとりを経て、また、友達との会話を受けて、気持ちも新たに進もうとしているね。それが一真の「[B]」という動作によく表れているよ。

(1)	(2)	(3)	(4)	(5)	(6)	(7) A	(7) B

3 次の文章を読んで、あとの問いに答えなさい。

【佐賀県・改】

孔子《こうし》[1]魯《ろ》の哀公《あいこう》[2]に御坐《ぎよざ》す。哀公之《これ》に桃《もも》と黍《きび》[3]とをたまふ。哀公用ひんを請《こ》[4]ふに、仲尼《ちうぢ》[5]先《ま》づ黍を飯《くら》ひて後に桃を飯ふ。❶左右皆《みな》口を覆《おほ》うて笑ふ。哀公曰《いは》く、「黍は之を飯ふべきに非《あら》ず。以《もつ》[6]て桃を雪《ぬぐ》ふ」と。仲尼対《こた》へて曰く、「丘《きう》[7]も之を知れり。夫《そ》れ黍は五穀《ごこく》[8]の長なり。先王を祭るに上盛《じやうせい》と為《な》す。果蓏《くわら》[9]六有りて、桃を下《げ》と為す。先王を祭るに廟《べう》[10]に入るるを得ず。丘之を聞く、『君子は賤《いや》しきを以て貴《たうと》きを雪ふ』と、貴きを以て賤しきを雪ふを聞かず。今、五穀の長を以て、果蓏の下なるものを雪ふ。是《こ》れ❷上より下を雪ふなり。丘は以て義を妨《さまた》ぐと為す。故《ゆゑ》にあへて以て宗廟《そうべう》[11]の盛に先んぜざるなり」と。

（『韓非子《かんぴし》』より）

（注）　1：魯＝古代中国にあった国の一つ。　2：哀公に御坐す＝哀公の前に控《ひか》えていた。「哀公」は魯の国の君主の名称《めいしょう》。　3：黍＝穀物の一つ。　4：用ひんを請ふに＝「食べよ」と勧《すす》めると。　5：仲尼＝孔子のこと。　6：以て桃を雪ふ＝桃をふくためのものである。　7：丘＝孔子が自分自身を指して言うときの名。
8：五穀＝黍・稷《うるちきび》・麦・麻《あさ》・豆の五つの穀物。黍はその第一に数えられた。
9：果蓏六＝李《すもも》・杏《あんず》・栗《くり》・棗《なつめ》・桃・瓜《うり》の六つの草木の実。　10：廟に入るるを得ず＝廟に供えることはできません。廟は、祖先の霊《れい》を祭る所。　11：宗廟の盛に先んぜざるなり＝先代の王を祭る廟に供える黍より桃を重んじようとはしないのです。

(1) あへてを現代仮名遣《かなづか》いに直して書きなさい。【5点】

(2) ——線部❶「左右皆口を覆うて笑ふ。」とあるが、その理由として適切なものを次から一つ選び、記号で答えなさい。【5点】

ア 黍と桃を同時に完食した孔子の行為を滑稽《こっけい》に感じたから。
イ 孔子が主君の哀公より先に黍と桃を食べたのを痛快に思ったから。
ウ 黍と桃を孔子がすぐ食べてしまったことを下品に感じたから。
エ 桃をふくために使う黍を食べた孔子を非常識だと思ったから。

(3) ——線部❷「上より下を雪ふ」とあるが、「上」「下」はそれぞれ何か。適切なものを次から一つ選び、記号で答えなさい。【5点】

ア 上……黍　下……桃
イ 上……果蓏　下……五穀
ウ 上……哀公　下……先王
エ 上……孔子　下……左右

(4) 哀公と孔子のやりとりを通して作者が伝えたかったことは何か。その説明として適切なものを次から一つ選び、記号で答えなさい。【10点】

ア 国を正しく治めていくためには、有能な家臣に意見を述べさせなければならない。

イ 国を治める際には先祖の教えに救われることがあるので、先祖を敬う必要がある。

ウ 君主が物事の序列やきまりごとを無視すれば、世の中の秩序《ちつじょ》が乱れてしまう。

エ 君主が物事の序列ばかりを重んじてしまうと、窮屈《きゅうくつ》な世の中になってしまう。

(1)	(2)	(3)	(4)

編集協力	㈲育文社，鈴木瑞穂，坪井俊弘，㈱エイティエイト，遠藤理恵
カバーデザイン	寄藤文平＋古屋郁美［文平銀座］
カバーイラスト	寄藤文平［文平銀座］
本文デザイン	武本勝利，峠之内綾［ライカンスロープデザインラボ］
本文イラスト	加納徳博
図版	㈱アート工房
DTP	㈱明昌堂　データ管理コード：22-2031-2083（CC19）

この本は下記のように環境に配慮して製作しました。
●製版フィルムを使用しない CTP 方式で印刷しました。●環境に配慮してつくられた紙を使用しています。

学研 パーフェクトコース
わかるをつくる 中学国語問題集

学研
GAKKEN PERFECT COURSE
パーフェクトコース

わかるをつくる

中学

国語問題集

解答と解説

JAPANESE

ANSWERS AND KEY POINTS

Gakken

1 情景描写から心情をつかむ
2 場面の展開と心情の変化をつかむ
3 筆者の体験と主張をつかむ

文学的文章編

1 文学的文章 情景描写から心情をつかむ

STEP 01 要点まとめ

本冊010〜011ページ

1
01 烈しく
02 例楽観［期待・希望］
03 人間の姿
04 例不安［失望・絶望］

2
05 河童たち
06 無統制
07 大粒の雨［雨・夕立］

3
08 おおい！
09 例声の調子［声音・叫び声］

STEP 02 基本問題

本冊012〜013ページ

■
問1 例笑いものにする［ばかにする・仲間外れにしようとする］
問2 エ
問3 イ
問4 ア
問5 例ゲームを続けるべきか、やめるべきかということ。（23字）

解説

■ 問1 凛《りん》さんだけが五丁目のバス停でおりることと、「そのゲーム」が、やせている凛さんをもとにしたものであることを、「あたし」は気にかけている。

問2 凛さんの強い気持ちが表れた様子である。どんなことに対する気持ちかを考える。

問3・4 「あたし」がバスに乗ってからずっと感じている気持ち・思いの高まりが、近づいてくるかみなりの光や音で暗示されている。

問5 「ゲームを続けなきゃ。すぐにだれかにまわさなきゃ。」と思いながら、それができないでいることから考える。ここまでの「あたし」の心情の流れを踏《ふ》まえて考える。

STEP 03 実戦問題

本冊014〜017ページ

■
問1 (1) 自分のほん
(2) 例いろいろな意見があることは当然で、それをわかろうとしたり、疑ったりすることが大切（40字）
問2 (1) 例視線
(2) イ

解説

■ 問1 (1)――線部❶より前の、ユイさんが、自分がなぜ山に登るかを語っている部分に注目する。指定字数内で、「〜こと」に続く部分を探すと、「自分のほんとに大切に思っていることに会いにくる」（23字）の部分が見つかる。(2)「この山の修復」についての「いろいろな理屈《りくつ》」や自分の気持ちを述べてきたユイさんが、雄太《ゆうた》の「でも、自然を守るってぜったいに正しいことでしょ？」という質問に答えた言葉に注目する。ユイさんが、「ゆれ動く」（＝迷う）ということを肯定《こうてい》的にとらえている「ぜったいに正しい、か。……疑ったりすることが大切なんじゃないかな」の中の言葉を使ってまとめる。

問2 (1)〈b〉の、ヘッドランプが「ぼくのほうをむいた」こと、〈d〉の、「ぼくをじっと見て言った」ことから、「視線」が当てはまる。(2)〈話し合いの後の私の意見〉では、「(雄太の)体を気づかってくれる」ユイさんの優しさへの思いは、〈私の最初の意見〉と同じだが、二つのことが加わっている。一つ目は〈a〉に関することで、「ユイさんが雄太自身の悩《なや》み（＝カミナリを予知する能力をもっていて、それを友人に隠《かく》し続けていること）と真剣《しんけん》に向き合ってくれた」こと。二つ目は〈c〉に関することで、Ⅳには「雄太の心の中にも、……まだ隠れてるものがあるんじゃないかな」というユイさんの言葉の内容に合うものが当てはまる。

くわしく

「視線」の類義語の「目線」は、視線よりもやや口語的。また、「子供目線で考える」のように慣用的表現の中で使われることが多い。

2 文学的文章 場面の展開と心情の変化をつかむ

STEP 01 要点まとめ

本冊018〜019ページ

1
01 どうでも、いい
02 定法　03 裏切り
04 例正当　05 例投げやり
06 信頼　07 希望

2
08 ように　09 ばかりに

STEP 02 基本問題

本冊020〜021ページ

問1 例やせて背骨の曲がった馬まで見せものにしようとした
問2 申し訳なさそうに
問3 A オ　B イ　C ア　D ウ
問4 まわりの人
問5 例サアカス一座の花形を、何もできない馬だと思っていたこと。（28字）
問6 例思いがけない能力を発揮することがある（18字）

解説

問1 「曲がった背骨」と「針金細工の籠《かご》のような胸とお尻《しり》」の馬が「見物席の真ん中に引っぱり出されて」きたという状況《じょうきょう》から考える。

問2 「僕《ぼく》」は、馬が何もできないと思っていたので、下を向いている馬を「申し訳なさそう」な様子だととらえたのである。

問3 Cは**ア**か**ウ**か迷うが、走り出すところなので**ア**「トコトコ」がふさわしい。

問4 馬の様子と場内の「皆《みな》」の様子がはっきりと変わる部分である。

問5 「何もできないと思っていた馬が、サアカス一座の花形だったこと。（30字）」なども可。

問6 「能力」の代わりに「取《と》り柄《え》」という言葉をそのまま使って書いてもよい。

STEP 03 実戦問題

本冊022〜025ページ

問1 (1) 例（思い切って飛べば、）何かに出会えて道が開けると期待している点。
(2) 例考えが浅く、目標があいまいな
問2 (1) 例素直な笑み
(2) エ
(3) 例考えが深く、目標がはっきりとしている
問3 (1) 見知らぬ男
(2) ア
(3) 例実紀だけではなく地元で生きる人たちと自分との違いを感じて、一人だけ取り残されてしまった（43字）

解説

問1 (1)「他力本願」とは「努力しないで、他人の力を当てにすること」。渓哉《けいや》のそのような姿勢に当たるのは、直前の「思い切って飛べば、何かに出会えて道が開けるんじゃないか」という他に期待する考え方。(2)幅《はば》広い答え方が考えられるが、引用された三語からイメージされる人物像を考える。渓哉には具体的な夢はなく、未知の世界への期待だけがある。(1)とも関連する。

問2 (1)実紀《みのり》の笑いについてふれているのは、「実紀のように素直に笑えない」の部分だけ。この「素直」という言葉を用いて書く。(2)実紀の、故郷に戻《もど》ったあとは地元が「豊かになるような」活動をしたり、「チビッコたち」に野球を教えたりする暮らし方に合うものを選ぶ。(3)渓哉とは対照的な人物像である。「実紀の想《おも》いには根っこがある。現実に向かい合う覚悟がある。」などを参考にする。

問3 (2)渓哉は、自分とは異なり、将来についてしっかりとした夢・計画をもっている実紀の言葉に驚《おどろ》き、圧倒《あっとう》されている。その「引け目をごまかそう」としているのである。(3)実紀の言葉から受けた衝撃《しょうげき》によって食欲が失《う》せていったのである。このときの渓哉の思いをまとめる。解答例は、兄の「淳也《じゅんや》」を含《ふく》めた地元で生きる人たちのことにもふれているが、実紀のことだけにふれてまとめてもよい。

くわしく

「屈託《くったく》の（が）ない」のもともとの意味は「物事にこだわらず、のびのびしている」。

3 文学的文章 筆者の体験と主張をつかむ

STEP 01 要点まとめ

本冊026～027ページ

1
01 贈り物　02 よい思い出
03 かわること　04 続きます

2
05 みなさん　06 みなさん
07 下さい

3
08 運命的な出会い
09 容易　10 まごころ
11 誠実　12 よい思い出

STEP 02 基本問題

本冊028～029ページ

問1 時というも
問2 例 時間を合理的に使っていること
問3 イ
問4 例 時計の示す時間に人間が支配されるようになったこと。
問5 例 「焦り」や「後悔」の経験が、人生にとってプラスになる日（27字）

解説

問2 「この人についてゆけない」とは、この人の言うことや姿勢に賛成できないという意味。二段落あとの『私は時間を合理的に使っているでしょ?』という、したり顔が……気に入らないのです」で、くわしく説明している。
問3 筆者は「負け犬」を単なる〝負けて逃《に》げていく人〟ではなく、直後の文にあるように、負けたことで「思いやり」を知った人をたとえる言葉として使っている。
問4 「奴隷《どれい》」「なり下がった」という言葉に注目する。「人間の行動を時計の示す時間が決めるようになったこと。」などとしてもよい。
問5 「それ」は、直前の文の「焦《あせ》り」や「後《こう》悔《かい》」を指す。「焦り」や「後悔」の経験は人生のなかで役立つという内容を、与《あた》えられた言葉を使って字数内にまとめる。「焦りや後悔の日々が、人生の中でいつかプラスになること（26字）」などとしてもよい。

STEP 03 実戦問題

本冊030～033ページ

問1 a うす（くて）　b しょゆう
問2 エ
問3 (1) イ・オ（順不同）
(2) 例 リスが秋の森で胡桃を集める（13字）
問4 Ⅰ 持ち運びやすい　Ⅱ 忘れやすい
問5 例 ポケットに文庫本を一冊持ってさえいれば、それを読んで本の中のどんな世界へも入っていけるということ。（49字）
問6 イ
問7 ウ

解説

問2 「流儀《りゅうぎ》」には「独特のやり方」という意味がある。
問3 (1)「文庫本」や「書店」を、「～ようだ」などを使わず、ずばり「胡桃《くるみ》だ」「秋の森だ」とたとえているのは、**イ**「隠喩《いんゆ》」。「～は、…だ。～は…だ。」と同じ組み立ての文を並べているのは、**オ**「対句法」。(2)冒頭《ぼうとう》の二段落の、リスと胡桃の話を踏《ふ》まえて答える。「人が書店で文庫本を買う行為《こうい》」は、リスのどのような行為と似ているか。「書店」を「秋の森」に、「文庫本」を「胡桃」に置き換《か》えて答える。
問4 ――線部❷に続く、文庫本の特徴《とくちょう》を挙げた部分から、条件に合うものを書き抜《ぬ》く。
問5 「これで」の「これ」が指す内容も明らかにして答える。「どこへでも」の「どこ」がどういう意味であるかは、この段落末尾《まつび》の「どこでもドア」をうけた、次の段落の「息子の今回の『どこでもドア』が森鷗外《もりおうがい》だった」の部分から、〝本の中の世界〟であるとわかる。
問6 息子は母親の「阿部《あべ》一族」という言葉から、学生服のポケットに入れて忘れていた、読みかけの文庫本を思い出したのである。
問7 **ア**…「胡桃の木」と「息子」の成長を重ね合わせてはいない。**イ**…「日本の自然の豊かさを印象づけ」ようとはしていない。**ウ**…文章の構成、その効果とも適切。**エ**…何でもポケットに入れてしまう息子の話は嘆《なげ》きといえなくもないが、「子育ての苦労」というほどのものではない。

説明的文章編

1 説明的文章 文章の構成と展開をつかむ

STEP 01 要点まとめ

本冊036～037ページ

1

01 ①　02 ④
03 オオカミ　04 日本

2

05 ヒツジ　06 キリスト教
07 悪魔　08 オオカミ
09 イノシシやシカ［草食獣］
10 敬う　11 神

3

12 オオカミ
13 ヨーロッパ［日本］
14 日本［ヨーロッパ］
15 生活様式

STEP 02 基本問題

本冊038～039ページ

■

問1 高温多湿・傷みやすかった
問2 イ
問3 ⓐ 無害な発酵菌［無害な乳酸菌］
ⓑ 雑菌
問4 雑菌に対するガード（9字）
問5 例植物の持つ抗菌作用で寿司が傷むのを防ぐ（19字）

解説

■

問2 □の前では雑菌《ざっきん》が食べ物を腐敗《ふはい》させるという問題点が、あとではその対策としての「発酵《はっこう》技術」が紹介《しょうかい》されている。前が原因・理由で、あとがその結果としての対策という順接のつながりであることをとらえる。
問3 毒を制す手段として「無害な発酵菌」をはびこらせて、制すべき毒である「雑菌」が増《ぞう》殖《しょく》する余地をなくすのである。
問5 ⑥段落最後の文の後半の「植物の持つ抗《こう》菌《きん》作用で……防いでいる」の内容を用いて書く。

STEP 03 実戦問題

本冊040～043ページ

■

問1 例地球最初の生命体が、海のなかに33億年間いた（こと。）（21字）
問2 ウ
問3 イ
問4 例現在、世界では廃棄されたプラスチックによる土壌汚染や海洋汚染が問題になっている。その解決策として、プラスチックの完全な再利用を図ることを考えたい。いろいろなプラスチックをまとめて処理して何にでも加工できるプラスチック原料に戻す技術が完成すれば、廃棄量を抑制できる。また、ごみとして燃やす必要もなくなり、二酸化炭素の排出による地球温暖化への対策にも貢献できるのではないか。私は、こうした科学技術によって、地球環境の悪化に少しでも歯止めをかけることのできる社会をつくっていきたい。（238字）

解説

■

問1 ――線部を含《ふく》む段落の一文目の内容を指している。（二文目は一文目を補う文である。）
問2 前述の「上陸した植物」や「指がついた手」は、生きものの挑戦と進化の具体例である。これに続けて、□囲みの部分でアゴのある魚類の出現を挙げ、「アゴができたことで積極的に生きることになった」ことを示し、生きものが挑戦と進化によって「自分たちの世界を広げて」きたことを印象づけている。
問3 ア…「海に最初の生命体が生まれた要因」を考察してはいない。イ…「解説」の内容、主張の内容とも適切。ウ…選択《せんたく》肢《し》文の初め、中ほど、終わりとも不適切。エ…「高度な技術の欠点の具体例」を示してはいない。
問4 設問文の「あなたは科学技術を活用してどのような社会をつくっていきたいと考えるか」と、条件1「具体的な科学技術を例に取り上げて書くこと」が、ポイント。〝こういう科学技術によって、こういう社会をつくっていきたい〟という形の文にまとめる。「具体的な科学技術」については、想像上の夢のような科学技術でもよいが、21世紀は「生命と水の時代」になるべきだという筆者の考えに関連するものであることが望ましい。

2 説明的文章 事実と意見を読み分ける

STEP 01 要点まとめ

本冊044〜045ページ

1

01 共通語　02 きめ細かい表現
03 雪　04 名前
05 なくして　06 カツオ
07 非常に重要　08 方言
09 豊か

2

10 [1]　11 [2]・[3]・[4]
12 [5]

STEP 02 基本問題

本冊046〜047ページ

問1 ・言葉遣いに意識的になること
・言葉遣いを磨くこと
問2 例敬語の使い方のルールや仕組みを身に付ける
問3 エ
問4 例敬語は相手との距離を保つために用い、敬語を使い続けるか、やめるかは、相手との間柄や周囲の状況を考えながら決めるとよい。（59字）

解説

問3 □には、[4]段落の「二つの基本」のうちの「第二」についての内容が入る。「第二」についての説明は[8]段落以降でされているので、この部分の内容に当てはまるものを選ぶ。**ア・ウ**は敬語の説明としては誤りではないが、「第二」の説明としては不適切。

問4 「対等・水平の関係の人」に対する敬語について、筆者は【はじめは敬語で距離《きょり》を保つ→親しくなるにつれて言葉遣《づか》いが変化していく→その際、敬語を続けるのかやめるのかは、「よく相手や周囲の状況《じょうきょう》を考えてタイミングを計」って決める】としている。〰〰線部の内容を入れてまとめる。

「相手をよく知らないうちは、敬語を使って相手との距離を保ち、敬語を使い続けるかどうかは、相手や周囲の状況を考えて決めていくとよい。（64字）」などとしてもよい。

STEP 03 実戦問題

本冊048〜051ページ

問1 (1) イ
(2) 例理想の自分を思い描き、それと現実の自分とを比較して、理想に届かない自分を意識するようになる（45字）
問2 具体的〜確だ。［明確だ］
問3 例今の自分は以前の自分に比べて向上心に満ちた自分であると捉え、肯定すればよい。（38字）
問4 エ

解説

問1 (1)「児童期」と「青年期」で、自分への好き嫌《きら》いや、自分への満足度がどう変化するかが比較《ひかく》しやすいグラフを選ぶ。**エ**は紛らわしいが、小学五年生の「嫌い」「不満」、中学三年生の「好き」「満足」の項目がなく、児童期から青年期になる際の、好き嫌いや満足度の変化が示されていない。(2)――線部❶のようになることの説明を、直後の二文と次の段落で述べている。次の段落の最後の文の「理想自己にまだまだ届かない現実の自分を意識せざるを得ない」の部分の内容を落とさずに入れる。

問2 「抽象《ちゅうしょう》的な目標」の達成についての記述と対照的な内容だから、「具体的な目標」の達成について述べている箇所《かしょ》を探す。

問3 ――線部❸のように言う理由を、直後の段落で述べている。筆者は、今「見ている自分」は、「以前の自分」より「はるかに向上心に満ちた自分」なのだから、「否定」せず「肯定《こうてい》」し、「応援《おうえん》」すべきだとしている。設問文に合うように「〜ればよい。」という形でまとめる。

問4 **エ**が当てはまらない。冒頭《ぼうとう》では、「今の自分に納得がいかない」という「最近」（青年期）の思いが取り上げられているが、「中高生の悩《なや》みをいくつか指摘《してき》」してはいない。また、その「解決法」も述べていない。

くわしく

「抽象的」⇔「具体（具象）的」の対義語を押《お》さえておくことは、説明的文章の読解では重要。

3 説明的文章 要旨をつかむ

STEP 01 要点まとめ
本冊052～053ページ

1 01 放置［先送り］
2 02 生命体 03 自然のサイクル
04 絶滅
3 05 生命 06 進化
07 生物多様性 08 保全

STEP 02 基本問題
本冊054～055ページ

■
問1 ウ
問2 例勇敢に水の中へ飛び込んだ
問3 若いサル（たち）［少年少女のサル］・年寄りのオトナのサル（たち）［年取ったオトナ］（順不同）
問4 例新しい行動を開発するのはいつも若者たちであり、年取ったオトナは保守的で、未知の世界へ挑戦しないというところ。
問5 例危険や保守的な力を克服し、未知の世界に踏み出して（24字）

解説
■問1 ①段落では幸島《こうじま》のニホンザルの「危険」を恐《おそ》れる様子が、②段落ではそれとは逆の、「勇敢《ゆうかん》」なメスのサルの様子が書かれている。
問4 新しい行動や未知の世界に対する、サルの世界の若者とオトナとの態度の違《ちが》いを、人間の世界に置き換《か》えて答える。
問5 「危険を恐れず、未知の世界に向けて冒険をしていって（24字）」などとして、「保守的な力」にふれていなくても可。与《あた》えられた二語を必ず使い、「～ほしい。」につながるように書く。

STEP 03 実戦問題
本冊056～059ページ

■
問1 ア 例草の上の露に、しきりに風が吹きつける（18字）
イ （白）露 ウ 玉
問2 ウ
問3 ア 例音をたてずに飛ぶフクロウ（の羽根）（12字・15字）
イ 例騒音の防止に役立つパンタグラフ（15字）
問4 イ
問5 例ヒトは、古来、生物から多くのことを学び、それを生かしてきた。しかし、近年では、生物の絶滅が急速に進み、一年間に四万種が絶滅している。生物の絶滅は、生物がもつ膨大で貴重な情報を、永久に失わせる。生物多様性を保全し、活用していくために、私たちは、生物から様々な情報を読み取る感性と知性をもつべきである。（149字）

解説
問1 本文中の和歌の直後の「草におく露《つゆ》、葉上の水玉」を参考にして答える。古語の「吹《ふ》きしく」は「しきりに吹く」という意味。
問2 例文の「道のような」は、〝まるで道のような〟というたとえの意味・用法。ウの「まるで一つの生き物のように」が同じ意味・用法。
問3 「バイオミミクリー」の具体例は④～⑦段落に述べられている。ア・イにはそのうち⑥段落の内容が入る。表のほかの欄《らん》が「～葉」「～雨具」など名詞で終わるようにまとめられているので、同様のまとめ方で答える。
問4 ⑨段落は、①～⑧段落の、ヒトは「生物から多くのことを学んできた」という趣旨《しゅし》を改めて示し、⑩段落以降の「生物の絶滅《ぜつめつ》」「生物多様性」の話題につなげていく働きをしている。したがって、イが正解。
問5 設問文の「グラフから読み取れる『生物（種）の絶滅』の現状にも触《ふ》れながら」という条件を見逃《みのが》さないようにすること。グラフからは、１９７５～２０００年では一年間に４００００種という速度で、種が絶滅していることが読み取れる。数値を用いる際は、設問の例に示された表記のしかたで書くこと。

くわしく
問2 助動詞「ようだ」にはほかに、「例えば～」という例を表したり（ア）、「どうやら～」という不確かな断定を表したりする（イ）意味・用法がある。

詩・短歌・俳句編

1 詩・短歌・俳句 表現をとらえる

STEP 01 要点まとめ
本冊062～063ページ

1 01 文語定型 02 五七
2 03 対句 04 押韻 05 反復
3 06 例続く 07 例寂しさ

STEP 02 基本問題
本冊064～065ページ

■
問1 俳句や短～生まれる
問2 (1) 三（句切れ） (2) 字余り
問3 孤独
問4 (1) 季語・夏 (2) イ
問5 例さびしがらせてくれ
問6 例日本の短歌と俳句は、孤独な心とその集まりという二つの要素の中から生まれてきた。（39字）

■ 解説
問2 (1)「さびしさに堪《た》えている人がほかにもいたらいいなあ。そうすれば……」ということで、三句切れ。(2)定型より音数が多いものを「字余り」、少ないものを「字足らず」という。
問4 (1)芭蕉《ばしょう》が去来《きょらい》を訪ねたのは「初夏」とある。(2)「さびしがらせよ」は命令の形で、ここが句切れ。ここでいったん切れて、次に〝かんこどりよ〟と呼びかけている。
問5 原文は「淋《さび》しがらせてくれ」。俳句の「さびしがらせよ」を書き抜《ぬ》いても可。
問6 短歌や俳句が「孤独」と「集まり」の中で生まれた、ということが書けていればよい。

STEP 03 実戦問題
本冊066～069ページ

1
問1 漂泊の思ひ（5字）
問2 （美しい）願いごと
問3 例・構成案の番号：7
・効果：この季節に三年間を振り返っている卒業生の気持ちが再び伝わり、余韻を残す（効果がある。）（35字）

2
問1 例互いに欠如を満たすなどとは知らず、無関心でいられるように（作った。）（28字）
問2 或る人の幸・不幸の結実を知らずに助けたり（すること。）（20字）
問3 ウ

解説
1
問1 「あくがれて」は現代語の「あこがれて」に似ていることから、意味を推測できるだろう。古語の「あくがる」には「うわの空になる」の意味がある。旅に対する〝うわの空の気持ち〟という意味で用いられているのは、Bの文章の「漂泊《ひょうはく》の思ひ」。
問2 Cの詩は第一連と第二連が倒置《とうち》になっている。「美しい／願いごとのように」、「（紙風船が）落ちて来たら……何度でも／打ち上げよう」ということ。
問3 使う箇所《かしょ》と、その効果（そこで使うことの効果）とを結びつけて答えることが必要。文末の「～効果がある。」にうまくつながるようにまとめる。

2
問1 解答例は詩の第二連の中の言葉を利用して書いている。「このように」は、互《たが》いの欠如《けつじょ》を満たし合っていることを、互《たが》いに意識していないことを指している。
問2 解説文には似た内容のことが繰《く》り返し述べられているが、二十字以内で、「～すること。」につながる箇所を探す。
問3 ア…詩では「～らしい」「～かもしれない」などの言葉が使われており、作者は自分の考えを「断定的」には書いていない。イ…作者は「自分自身で完結する生命への非難」を表現していない。ウ…「疑問を投げかけるかたち」（第二連の「なぜ？」）も「世界のゆるやかなしくみへの感嘆《かんたん》の気持ち」も適切。エ…「強く警告を発している」が不適切。

漢字・語句編

1 漢字・語句 漢字の知識

STEP 01 要点まとめ

本冊072ページ

1 01 形 02 線 03 組み合わせ 04 意味 05 音

2 06 形 07 右側［右］ 08 上部［上］ 09 上から左下 10 まだれ 11 えんにょう 12 外側［外］ 13 くにがまえ

3 14 点 15 右 16 横画 17 中［真ん中］ 18 先 19 最後［いちばん後］ 20 左払い 21 画 22 総数［数］ 23 総画［総画数］

4 24 音 25 訓 26 全体 27 訓 28 活用 29 変わる 30 し

STEP 02 基本問題

本冊074ページ

問1 (1)イ (2)ア (3)ウ (4)エ

問2 (1)いとへん (2)そうにょう (3)るまた (4)もんがまえ

問3 イ

問4 (1)イ (2)ア (3)ア (4)イ

問5 (1)2 (2)3 (3)3 (4)5 (5)7 (6)8

問6 (1)ウ (2)イ

問7 (1)とうしゅう (2)たなだ (3)かんちが (4)なごり (5)びより (6)ここち

問8 (1)導く (2)厳か (3)険しい

解説

問1 (3)「品」は「口」が三つ合わさってできた会意文字。

問2 (1)いとへん、(4)もんがまえは、行書と楷《かい》書《しょ》とでは形が異なるので注意しよう。

問3 「祖」と**イ**「神」のしめすへんと、**ア**「複」のころもへんは、行書で書くと同じ形になることに注意しよう。

問4 (1)筆順の大まかな原則の「中と左右に分かれる字は、中の画を先に書く。」に当てはまる。(2)繞《にょう》には、先に書くものとあとに書くものがあるが、しんにょう（しんにゅう）は、あとに書く。(3)筆順の原則の「全体を貫《つらぬ》く縦画や横画は最後に書く。」に準ずる。(4)筆順の原則の「縦画と横画が交わるときは、横画を先に書く。」に準ずる。

問5 (1)左払《ひだりばら》いが短い字は、左払いを先に書く。(3)中と左右に分かれる部分は、中の画を先に書くのが原則だが、「忄」は例外で、左右の画を先に書く。(6)そうにょうは先に書くことに注意。

問6 (1)「葉」と**ウ**「象」は12画、**ア**「楽」は13画、**イ**「歌」は14画、**エ**「健」は11画。(2)「緑」と**イ**「察」は14画、**ア**「補」は12画、**ウ**「転」は11画、**エ**「新」は13画。

問7 (2)「棚田」は「傾斜《けいしゃ》した土地に階段状に作った水田」のこと。(5)「日和」は「ひより」と読む熟字訓だが、ここでは上に「小春」があるので、「びより」と濁《にご》ることに注意。

問8 (1)「導びく」、(2)「厳そか」、(4)「険い」などとする間違《まちが》いに注意しよう。(4)「険しい」は語幹が「し」で終わる形容詞なので、「し」から送る。

2 漢字・語句 語句の知識

STEP 01 要点まとめ

本冊076ページ

1 01 訓 02 文 03 修飾 04 目的 05 述語 06 接尾語

2 07 対等 08 否定 09 接尾語 10 修飾 11 修飾 12 主語 13 対等

3 14 訓 15 中国 16 音 17 中国 18 英語

4 19 共通 20 対立 21 接頭語

STEP 02 基本問題

本冊078ページ

問1 (1)エ (2)イ (3)イ (4)ウ (5)ア (6)ウ

問2 (1)エ (2)イ (3)ウ

問3 信・疑

問4 (1)ウ (2)イ (3)エ

問5 (1)イ (2)ア (3)イ

⑷ア ⑸エ ⑹ウ

問6 ⑴感激 ⑵不在 ⑶有数［指折り］ ⑷忍耐［辛抱］

問7 ⑴ウ ⑵イ

解説

問1 ⑴「抑揚《よくよう》」と**エ**「断続」は意味が反対や対《つい》になる漢字を重ねた構成。⑵「繁栄《はんえい》」と**イ**「華《か》麗《れい》」は意味が似ている漢字を重ねた構成。⑶「遅刻《ちこく》」と**イ**「観劇」は下の漢字が上の漢字の動作の目的や対象になる構成。⑷「地震《じしん》」と**ウ**「人造」は上の漢字が主語で、下の漢字が述語になる構成。⑸「激突《げきとつ》」と**ア**「濃霧《のうむ》」は上の漢字が下の漢字を修飾《しゅうしょく》する構成。⑹「貴社」と**ウ**「御恩《ごおん》」は接頭語が付いている構成。ちなみに、「貴」も「御」も尊敬の意味を添《そ》える接頭語である。

問2 ⑴「排気口《はいきこう》」と**エ**「向上心」は、上の二字熟語が下の一字を修飾している。**ウ**「人間味」は、二字熟語の下に接尾《せつび》語が付いている。⑵「急斜面《きゅうしゃめん》」と**イ**「好条件」は、上の一字が下の二字熟語を修飾している。⑶「真善美」と**ウ**「雪月花」は、それぞれの漢字が対等に並んだ構成。

問3 「半信半疑」は「半信」と「半疑」で上下の熟語の意味が反対になっている。「本当かどうか信じきれないこと。」という意味。

問4 ⑴**エ**「公明正大」と間違《まちが》えないように注意。「公明正大」は「隠《かく》しだてがなく、正しくて立派なこと。」という意味。

問5 ⑴「帰省」、⑶「外出中」はすべて音読みで読む熟語なので、**イ**漢語。⑵「稲光《いなびかり》」はすべて訓読みで読む熟語、⑷「土産話《みやげ》」は「土産」が熟字訓、「話」が訓読みなので、**ア**和語。ちなみに、熟字訓は日本語にもともとある言葉に、漢字を当てはめて読んだものなので、和語である。⑸「孝行息子《むすこ》」は「孝行」が音読み、「息子」が熟字訓なので、**エ**漢語＋和語。⑹「為替《かわせ》市場《しじょう》」は「為替」が熟字訓、「市場」が音読みなので、**ウ**和語＋漢語。

問6 ⑶「屈指《くっし》」は「指を折って数えられるほど数が少なく、優れていること。」という意味。

問7 ⑴「歓喜《かんき》（非常に喜ぶこと）」の対義語は**ウ**「悲哀《ひあい》（しみじみとした悲しみや哀《あわ》れさ）」。⑵「総合（いろいろなものを寄せ集めて、一つにまとめること）」の対義語は**イ**「分析《ぶんせき》（複雑な事柄《ことがら》を一つ一つ分けて細かく整理し、その成り立ちや性質をはっきりさせること）」。

漢字・語句編 STEP 03 実戦問題

本冊080ページ

問1 ⑴さんずい ⑵13 ⑶形声

問2 イ・ウ・エ（順不同）

問3 ⑴せいれん ⑵ぼんよう ⑶おおぎょう ⑷みゃくらく

問4 ⑴補う ⑵率いる ⑶唱える ⑷幼い

問5 ⑴イ ⑵ウ

問6 ⑴ウ ⑵エ ⑶イ

問7 ⑴ウ ⑵イ ⑶エ

問8 ⑴エ ⑵ウ ⑶イ

解説

問1 ⑴さんずいは行書と楷書《かいしょ》とでは形が異なることに注意。

問2 「複」と**ア**「維」、**オ**「慣」は14画、**イ**「暖」と**エ**「誇」は13画、**ウ**「無」は12画。

問3 ⑴「清廉《せいれん》」、⑵「凡庸《ぼんよう》」、⑷「脈絡《みゃくらく》」は全て音読みで読む熟語。⑶「大仰《おおぎょう》」は「大」は訓読み、「仰」は音読みで読む熟語。

問4 ⑴「補なう」、⑵「率る」、⑶「唱なえる」、⑷「幼ない」などとする間違《まちが》いに注意。

問5 ⑴どんな「駆《か》け引き」かがわかる三字熟語を選ぶ。⑵**イ**「外交上」の「上」は接尾《せつび》語であることに注意。ほかに「経験上」「理論上」「想像上」などのように使う。

問8 ⑴「円満⇕不和」と**エ**「平凡《へいぼん》⇕非凡」は否定の接頭語が付くもの。**ア**「弱小⇕強大」、**ウ**「勝利⇕敗北」は全体で対立しているもの。**イ**「良質⇕悪質」は一字が対立しているもの。⑵「楽観⇕悲観」と**ウ**「巻頭⇕巻末」は一字が対立しているもの。**ア**「困難⇕容易」、**エ**「利益⇕損害」は全体で対立しているもの。**イ**「幸運⇕不運」は否定の接頭語が付くもの。⑶「降下⇕上昇《じょうしょう》」と**イ**「先祖⇕子孫」は全体で対立しているもの。**ア**「輸入⇕輸出」、**エ**「乗車⇕降車」は一字が対立しているもの。**ウ**「既《き》定《てい》⇕未定」は否定の接頭語が付くもの。

文法編

1 文法 文法の基礎

STEP01 要点まとめ

本冊084ページ

1 01 最大 02 改行 03 最小

2 04 主語 05 述語 06 並立 07 補助 08 連文節

3 09 修飾語 10 連続 11 末尾［終わり］

STEP02 基本問題

本冊086ページ

問1 (1)（文節）五 （単語）七
(2)（文節）五 （単語）九
(3)（文節）五 （単語）十
(4)（文節）六 （単語）十一
(5)（文節）六 （単語）十二

問2 (1)ア (2)ウ (3)エ (4)イ (5)エ (6)ア

問3 (1)父も (2)成績が (3)私は (4)歌うのは

問4 (1)足取りで (2)並べられた (3)行われる (4)聞いた (5)舞い散る (6)丁寧に

問5 (1)ウ (2)オ (3)カ (4)ク (5)イ (6)キ (7)ケ (8)ア

解説

問1 (2)「書いておく」は、「書いて／おく」のように文節に分けられ、さらに、「書い／て／おく」のように単語に分けられる。(3)「作っているようだ」は、「作って／いるようだ」のように文節に分けられ、さらに、「作っ／て／いる／ようだ」のように単語に分けられる。(4)文節「美しくて」は、「美しく／て」のように単語に分けられる。また、文節「ついた」は、「つい／た」のように単語に分けられる。(5)文節「見られます」は、「見／られ／ます」のように単語に分けられる。

問2 (2)「甘《あま》くて」と「おいしいので」は、それぞれの文節が対等な関係で並んでいる。(3)「おけ（おく）」は、「あらかじめ……する」という意味を前の文節「して」に添《そ》えている。(4)「一時間は」は、連なっている「勉強するように」の内容を詳《くわ》しく説明している。(6)「俳優が」「語る」は、「好きな……様子を」という修《しゅう》飾《しょく》部の中で主語・述語の関係を作っている。

問3 (1)「姉が」は、述語「焼いた」に対する主語。「姉が焼いたケーキを」で「食べた」に係る修飾部になっている。(2)「しっかり勉強したので」は、接続部。(3)「何度も」「じっくりと」「説明書を」は、それぞれが「読んだ」に係る修飾語。(4)「歌うのは……ことだと」は、「語った」に係る修飾部。その中で「歌うのは」と「楽しい」が主語・述語の関係を作っている。「祖父は」は、述語「語った」に対する主語。

問4 (2)「おいしそうな 料理が」は、述語「並べられた」に対する主部。「並べられた」に係る修飾語は「テーブルに」のみ。(3)「体育館で……行われる」は、「予定だった」に係る修飾部。「体育館で」は、その修飾部の中で、「行われる」に係る修飾語になっている。(4)「来週のテストの日程を」は、「聞いた」に係る修飾部。(5)「桜の……様子を」は、「描《えが》く」に係る修飾部。「ひらひらと」は、その修飾部の中で、「舞《ま》い散る」に係る修飾語になっている。(6)「なるべく」は、「できる限り」という意味の単語（副詞）。「丁寧《ていねい》に」という単語（形容動詞）に係り、その程度を表している。

問5 (3)「この機械は」は、述部「動かなくなった」に対する主部。(4)「犬と」と「猫《ねこ》を」は、それぞれの文節が対等な関係で並んでいる並立の関係なので、連文節になる。(6)「待って」と「います」、(7)「話しかけて」と「みたが」は、補助の関係なので、連文節になる。

2 文法 自立語① 動詞

STEP01 要点まとめ

本冊088ページ

1 01 自立語 02 付属語 03 名詞 04 助動詞 05 用言

2 06 活用 07 動詞 08 述 09 連用

1 文法の基礎
2 自立語①
3 自立語②
4 自立語③
5 付属語・敬語

3
10 仮定 11 自立語 12 ウ段 13 来る

STEP 02 基本問題

本冊090ページ

問1 (1)ウ (2)キ (3)ア (4)コ (5)カ (6)ク (7)ケ (8)イ (9)エ (10)オ
問2 (1)ウ (2)ア
問3 (1)ウ (2)エ (3)イ (4)カ (5)イ (6)ア (7)エ (8)ア
問4 (1)ア (2)イ (3)ウ (4)イ (5)エ (6)ウ (7)オ (8)ア

解説

問1 (1)「まじめに」は、言い切りの形が「まじめだ」のように「だ」で言い切る、活用する自立語。(2)「または」は、前後の「かたくり粉」「小麦粉を」を接続する働きをしている、活用しない自立語。(3)「始まる」は、ウ段の音で言い切る、活用する自立語。(4)「らしい」は、自立語「ある」に付いて文節を作っている、「らしかっ（た）」「らしく（ない）」のように活用する付属語。(5)「その」は、「うわさは」という体言（名詞）を含《ふく》む文節を修飾《しゅうしょく》している、活用しない自立語。(6)「はい」は、文の中で独立語としての働きをする活用しない自立語。(7)「より」は、自立語「思い悩《なや》む」に付いて文節を作っている、活用しない付属語。(8)「軽く」は、言い切りの形が「軽い」のように「い」で言い切る、活用する自立語。(9)「こと」は、「が」を付けて主語にすることができる、活用しない自立語。(10)「とても」は、「興味深い」を修飾している活用しない自立語。

問2 (1)**ウ**「大きな」は、「りんごを」という体言（名詞）を含む文節を修飾している、活用しない自立語である連体詞。**ア**「歩こ（う）」は動詞、**イ**「かわいい」は形容詞、**エ**「温かな」は形容動詞。(2)**ア**「あらゆる」は、「国を」という体言（名詞）を含む文節を修飾している、活用しない自立語である連体詞。**イ**「ある」は動詞、**ウ**「正確に」は形容動詞、**エ**「明るく」は形容詞。

問3 (1)通常、文末にある活用形は、終止形と命令形。命令して言い切る文の内容でなければ、終止形。(2)「こと」という体言（名詞）が続いていることから判断できる。(3)連用形には、直後に読点（、）を付けて、一度文を中断し、また続ける用法（中止法）がある。(4)通常、命令形は文末に用いられるが、「と」などの付属語を付けて、文中で用いることもある。(6)付属語「ない」が続くことから判断できる。動詞に「ない」が続く場合は未然形になる。形容詞と形容動詞に「ない」が続く場合は、連用形になるので注意。(7)「帰る」に続いている「の」は、体言に準ずる働きをする付属語。(8)付属語「う」が続くことから判断できる。

問4 動詞の活用の種類は、基本的には、「ナイ」を付けてみて、五十音図の何段の音に変化するかで識別する。(1)「育つ」、(8)「待つ」は、ア段の音に変化するので、五段活用とわかる。(2)「過ぎる」、(4)「浴びる」は、イ段の音に変化するので、上一段活用とわかる。(3)「食べる」、(6)「開ける」は、エ段の音に変化するので、下一段活用とわかる。

3 文法 自立語② 形容詞・形容動詞

STEP 01 要点まとめ

本冊092ページ

1
01 自立語 02 い 03 修飾 04 ウ 05 述
2
06 自立語 07 だ 08 修飾 09 述

STEP 02 基本問題

本冊094ページ

問1 (1)うれしい (2)茶色く (3)細けれ (4)汚かっ (5)子供っぽく (7)眠い (6)信じがたかっ
問2 (1)確かなら (2)穏やかに (3)細やかな (4)静かだろ (5)平らで (6)高らかに (7)積極的だっ
問3 (1)オ (2)イ (3)ア (4)イ (5)イ (6)オ (7)ア (8)イ
問4 (1)ア (2)ウ (3)イ
問5 (1)ウ (2)エ

解説

問1 (1)「うれしい」は、形容詞「うれしい」の連体形。一単語で一文節になっている。(2)「茶色く」は、形容詞「茶色い」の連用形。一単語で一文節になっている。(3)「細けれ」は、形容詞「細い」の仮定形。付属語「ば」が付いて一文節になっている。(4)「汚《きたな》かっ」は、形容詞「汚い」の連用形。付属語「た」「ので」が付いて一文節になっている。(5)「子供っぽく」は、形容詞「子供っぽい」の連用形。一単語で一文節になっている。(6)「信じがたかっ」は、形容詞「信じがたい」の連用形。付属語「た」「が」が付いて一文節になっている。(7)「眠《ねむ》い」は、形容詞「眠い」の終止形。付属語「と」が付いて一文節になっている。

問2 (1)「確かなら」は、形容動詞「確かだ」の仮定形。一単語で一文節になっている。(2)「穏《おだ》やかに」は、形容動詞「穏やかだ」の連用形。一単語で一文節になっている。(3)「細やかな」は、形容動詞「細やかだ」の連体形。一単語で一文節になっている。(4)「静かだろ」は、形容動詞「静かだ」の未然形。付属語「う」が付いて一文節になっている。(5)「平らで」は、形容動詞「平らだ」の連用形。一単語で一文節になっている。(6)「高らかに」は、形容動詞「高らかだ」の連用形。一単語で一文節になっている。(7)「積極的だっ」は、形容動詞「積極的だ」の連用形。付属語「た」が付いて一文節になっている。

問3 (1)形容詞「寒い」に付属語「ば」が付いて仮定形になっている。(2)形容詞「重たい」に形容詞（用言）「ない」が連なって連用形になっている。(3)形容詞「きつい」に付属語「う」が付いて未然形になっている。(4)形容詞「冷たい」に付属語「た」が付いて連用形になっている。(5)形容動詞「健やかだ」に動詞（用言）「育つ」が連なって連用形になっている。(6)形容動詞「なだらかだ」に付属語「ば」が付いて仮定形になっている。(7)形容動詞「具体的だ」に付属語「う」が付いて未然形になっている。(8)形容動詞「器用だ」に形容詞（用言）「ない」が連なって連用形になっている。

問4 (1)**ア**「よい」は、前の文節「帰って」と補助の関係になる文節を作り、「〜てもかまわない」という意味を加える働きをしている。(2)**ウ**「ない」は、前の文節「暑く」と補助の関係になる文節を作り、否定の意味を加える働きをしている。**ア**「ない」も、付いている動詞「聞く」に否定の意味を加える働きをしているが、これは付属語（助動詞）であり、形式形容詞ではない。(3)**イ**「ほしい」は、前の文節「わかって」と補助の関係になる文節を作り、「〜てもらいたい」という意味を加える働きをしている。

問5 (1)**ウ**「特に」は、活用しない自立語（副詞）。**ア**「新ただ」、**イ**「かすかだ」**エ**「正直だ」のようには活用しない。(2)**エ**「平和だ」は、名詞「平和」に付属語「だ」が付いたもの。一単語ではない。

4 文法 自立語③ 名詞・副詞・連体詞・接続詞・感動詞

STEP 01 要点まとめ

本冊096ページ

1 01 活用 02 固有名詞 03 代名詞
2 04 修飾 05 状態
3 06 体言［名詞］ 07 その
4 08 接続語
5 09 独立語

STEP 02 基本問題

本冊098ページ

問1 (1)頂上 (2)私 (3)九時
問2 (1)イ (2)エ
問3 (1)歩めば (2)乗せた (3)左に (4)はっきりと
問4 (1)エ (2)ウ (3)ア (4)イ
問5 (1)エ (2)イ
問6 (1)ウ (2)エ (3)ア (4)イ
問7 (1)ウ (2)イ

解説

問1 (1)「頂上」は、「頂上が近い」のような主語・述語の関係で、「が」を付けて主語になる名詞（普通《ふつう》名詞）。「簡単で」は、形容動詞「簡単だ」の連用形なので、名詞ではない。(2)「私」は、「私が話す」のような主語・述語の関係で、「が」を付けて主語になる名詞（代名詞）。「それなら」は、一単語の接続詞。「それ」だけでは単語にならないので注意。(3)「九時」は、「九時が開始時間だ」のような主語・述語の関係で、「が」を付けて主語になる名詞（数詞）。「出発すれ（ば）」は、一単語の動詞。「出発」だけでは単語にならないので注意。

問2 (1)**イ**「ところ」は、前の文節「行く」に「そのような場面・状況《じょうきょう》だ」という意味を加える働きをしている。**ア**、**ウ**、**エ**の「ところ」のような、「場所。位置」という本来の名詞としての意味は薄《うす》れている。(2)**エ**「とおり」は、前の連文節「見てきた」に「それと同じ状態・方法だ」という意味を加える働きをしている。**ア**、**イ**、**ウ**の「とおり」のような、「道路。通行量。物が通る具合」という本来の名詞としての意味は薄れている。

問3 (1)「ゆっくりと」は、連なっている「歩めば」の状態を表している。(2)「そっと」は、述語「乗せた」の状態を表している。直接連なっていない文節を修飾《しゅうしょく》することもあるので注意。(3)「もっと」は、連なっている「左に」の程度を表している。副詞は主に用言を修飾するが、ここでは「左」という体言（名詞）を修飾している。(4)「かなり」は、連なっている「はっきりと」の程度を表している。副詞は主に用言を修飾するが、ここでは「はっきりと」という副詞を修飾している。

問4 (1)「ぜひ」は、「ください」「ほしい」などと呼応して、「希望」の意味を表す副詞。(2)「決して」は、「ない」などと呼応して、「否定（打ち消し）」の意味を表す副詞。(3)「まるで」は、「ようだ」「みたいだ」などと呼応して、「たとえ」を表す副詞。(4)「まさか」は、「まい」「ないだろう」などと呼応して、「否定の推量」の意味を表す副詞。

問5 (1)**ア**、**イ**、**ウ**の「ある」は、「あった」「あります」のように活用することが考えられるので、活用しない自立語である連体詞ではない。(2)**ア**「大きく」は、形容詞「大きい」の連用形。**ウ**「大きさ」は、「大きさが知りたい」のような主語・述語の関係で、「が」を付けて主語になる名詞（普通名詞）。**エ**「大きい」は、形容詞「大きい」の終止形。

問6 (1)空欄《くうらん》の前の事柄《ことがら》を理由として、その自然な結果があとに続いている文のつながりなので、順接の接続詞が当てはまる。(2)空欄の前の事柄から予想されることとは逆の内容があとに続いている文のつながりなので、逆接の接続詞が当てはまる。(3)空欄の前の事柄について、その理由を説明している文のつながりなので、説明・補足の接続詞が当てはまる。(4)空欄の前の事柄に、あとの事柄を付け加える文のつながりなので、並立・累加《るいか》の接続詞が当てはまる。

問7 (1)**ア**、**イ**、**エ**の「ああ」は副詞。それぞれ、下に連なる文節を修飾している。(2)**ア**、**ウ**、**エ**の「どれ」は名詞（代名詞）。**ア**「どれ（が）」は主語、**ウ**「どれ（ですか）」は述語、**エ**「どれ（を）」は修飾語になっている。

5 文法 付属語・敬語

STEP 01 要点まとめ

本冊100ページ

1 01 活用 02 体言［名詞］ 03 活用語 04 意味 05 文末

2 06 付属語 07 意味

3 08 尊敬語 09 美化語

STEP 02 基本問題

本冊102ページ

問1 (1)（助詞）四（助動詞）二
(2)（助詞）四（助動詞）二
(3)（助詞）六（助動詞）三
(4)（助詞）五（助動詞）一
(5)（助詞）四（助動詞）三

問2 (1)エ (2)ウ (3)イ (4)ア

問3 (1)ウ (2)イ (3)イ (4)エ (5)ウ (6)エ

問4 (1)エ (2)ア

問5 (1)エ (2)ウ (3)ア (4)イ

解説

問1 (1)「周囲の」「人から」「頼《たよ》られるのは」が助詞、「頼られるのは」「ことです」が助動詞。(2)「今年からは」「一年生を」「試合が」

が助動詞、「出場させる」「増えるらしい」が助動詞。(3)「私は」「続けて」「見たいと」「ドラマだけを」「録画して」が助詞、「見たいと」「思った」「います」が助動詞。(4)「夏休みに」「各地の」「お祭りを」「調べて」「みようかしら」が助詞、「みようかしら」が助動詞。(5)「午前中は」「暖かかったが」「午後は」「気温が」が助詞、「暖かかったが」「下がったようだ」が助動詞。

問2 (1)**エ**「難しいが」は、前の文節の事柄《ことがら》から予想されることとは逆の内容があとに続くつながりを示す逆接の接続助詞。**ア**、**イ**、**ウ**は主語を示す格助詞。(2)**ウ**「諦《あきら》めるのが」は、「こと」「もの」などに置き換《か》えられる、体言に準ずる働きの格助詞。**ア**、**イ**、**エ**は「が」に置き換えられる、主語を示す格助詞。(3)**イ**「寒いから」は、前の事柄を理由として、その自然な結果があとに続くつながりを示す順接の接続助詞。**ア**、**ウ**、**エ**は「動作の起点」。(4)**ア**「振《ふ》り向くと」は、前の事柄を原因として、その自然な結果があとに続くつながりを示す順接の接続助詞。**イ**、**ウ**、**エ**は「相手・対象」を示す格助詞。

問3 (1)**ウ**は、受け身の助動詞。**ア**、**イ**、**エ**は可能の助動詞。(2)**イ**は、勧誘《かんゆう》の助動詞。**ア**、**ウ**、**エ**は推量の助動詞。(3)**イ**は、伝聞の助動詞。**ア**、**ウ**、**エ**は様態の助動詞。(4)**エ**は、比喩《ひゆ》(たとえ)の助動詞。**ア**、**イ**、**ウ**は推定の助動詞。(5)**ウ**は、前の文節「難しく」と補助の関係になる文節を作り、否定の意味を加える働きをしている形式形容詞。**ア**、**イ**、**エ**は否定(打ち消し)の助動詞。(6)**エ**は、形容動詞「明らかです」の活用語尾《ごび》。**ア**、**イ**、**ウ**は断定(丁寧《ていねい》な断定)の助動詞。

問4 (1)**エ**は、「お〜する」という表現による謙譲語《けんじょう》。**ア**、**ウ**は特別な動詞を使った尊敬語。**イ**は、尊敬の助動詞「れる」を使った尊敬語。(2)**ア**は、丁寧の助動詞「ます」を使った丁寧語。**イ**、**ウ**、**エ**は特別な動詞を使った謙譲語。

問5 (1)主語が「先生が」なので、尊敬語に直す。**エ**「お話しになる」は、「お〜になる」という表現による尊敬語。(2)話し手自身の動作なので、謙譲語に直す。**ウ**「お話しする」は、「お〜する」という表現による謙譲語。(3)主部が「新しい先生が」なので、尊敬語に直す。(4)話し手自身の動作なので、謙譲語に直す。

文法編 STEP 03 実戦問題

本冊104ページ

問1 (1)七 (2)ウ (3)エ
問2 (1)風が (2)エ (3)イ (4)イ
問3 (1)ア (2)エ (3)ア (4)エ
問4 (1)イ (2)ア

解説

問1 (1)「私たちは、/必要な/エネルギーを/毎日の/食事から/とって/います。」のように、文節に分けられる。補助の関係になっている「とって/います」は、二文節に分けられるので注意。(2)「喜びや」と「楽しみを」は、それぞれの文節が対等な関係で並んでいる。「楽しみや/喜びを」と単語を入れ替《か》えても意味が変わらないことから判断できる。(3)――線部❹「解消される」は、受け身の助動詞。「それによって」という修飾部《しゅうしょく》を受けていることに注意。**エ**「かまれる」も同様に「飼い犬に」という修飾語を受けている。**ア**、**ウ**は自発の助動詞、**イ**は尊敬の助動詞。

問2 (2)――線部❷「あるのが」と**エ**「改めるのは」は、体言に準ずる働きの格助詞。**ア**、**イ**は連体修飾語を示す格助詞。**ウ**は部分の主語を示す格助詞。(3)「おそらく」は、「だろう」「違《ちが》いない」などと呼応して、「推量」の意味を表す副詞。(4)――線部❸「かなわない」と**イ**「反論しないのか」は、否定(打ち消し)の助動詞。**ア**は形容詞、**ウ**、**エ**は形式形容詞。

問3 (1)――線部❶「貼《は》られて」と**ア**「飛ぶ」は、五段活用。**イ**「する」はサ行変格活用、**ウ**「得る」は下一段活用、**エ**「着る」は上一段活用。(3)――線部❸「勝手に」と**ア**「丁寧《ていねい》に」は、形容動詞の連用形活用語尾《ごび》。**イ**、**ウ**は連用修飾語を示す格助詞。**エ**「誤りそうに」は助動詞「そうだ」の連用形の一部。

問4 (1)「先生」の動作についての敬語なので、尊敬語の**イ**「お食べになる」が適切。(2)話し手自身の動作なので、謙譲語《けんじょう》の**ア**「いただき(いただく)」が適切。

古典編

1 古文 古文の内容を読み取る

STEP 01 要点まとめ
本冊108ページ

1 01 歴史的仮名遣い
02 わ・い・う・え・お　03 か・が
04 い・え・お　05 もうす　06 ん

2 07 已然形　08 連体形
09 係り結び（の法則）　10 反語

3 11 が　12 かなし

4 13 枕詞　14 枕草子　15 源氏物語
16 平家物語　17 松尾芭蕉
18 おくのほそ道［奥の細道］

STEP 02 基本問題
本冊110ページ

1
問1 けん
問2 A 花　B 例人の心が変わっていく（10字）
問3 イ
問4 夢と知

解説
1 問2 AとBを、はっきり見えるものと見えないものとして、対照的に詠《よ》んでいることに着目する。

問4 Ⅲの和歌を五・七・五・七・七で区切って読み、意味のつながりを考える。

口語訳
情趣《じょうしゅ》を好み、歌を詠む人は、昔から多いだろうが、小野小町《おののこまち》こそ、容姿も、顔だちも、態度も、心遣《こころづか》いからはじめ、あらゆることにおいて、すばらしかっただろうと思われる。

Ⅰ（草木の花と違《ちが》い）色が見えないで変わっていくものは、世の人の心の花であったことだ。

Ⅱ つらい思いをして暮らしているので、浮《う》き草の根が切れて流れていくように、誘《さそ》ってくれる人があれば、どこへでも行こうと思う。

Ⅲ あの人のことを思いながら寝《ね》たので、あの人が夢の中に現れたのだろうか。夢だとわかっていたなら、目を覚まさなかっただろうに。

と詠んでいるのも、女の歌はこのようにあるべきと思われて、なんという理由もなく涙《なみだ》が落ちそうになるものだ。

2
問1 ア
問2 あわれに
問3 例決まっている（6字）
問4 よろづ～はせず

解説
2 問4 「ある人これを聞きて、」の次から始まり、「といへり。」の前までとなる。「といへり」「とぞ」「とて」などの会話を示す言葉に気をつけるとよい。

口語訳
長崎《ながさき》の鶴亭隠士《かくていいんし》は少年時代から絵画を好んで心をうちこみ、水墨画《すいぼくが》の花や鳥などをとりわけよく習得なさっていたそうだ。元来人を驚《おどろ》かそうとするのではなく、自分の心が変化していくことにそのまましたがって、趣《おもむき》深く上品に描《か》き写した。ある時友人が来て話をした折に絵の印を押《お》す所について尋《たず》ねたところ、答えて言う。「印はその押し所が決まっているものではない。その絵が出来上がれば、ここに押してくれと絵の方から用意して待つものだ」と言った。ある人はこれを聞いて、「あらゆることはこれと同じで、たとえば座敷《ざしき》座敷もその客の居ずまいによって身分の高い人、中くらいの人、低い人の座《すわ》る所ができ、また人の挨拶《あいさつ》もその時々の様子にある。臨機応変とも、その時機にふさわしいのに従うとも言うように、定まった様相というものはない。しかしその時の様子を見分けることができない人にこのことをわからせるのは難しい。よくわかる人はよくその場を知っているので、琴柱《ことじ》にかわをつけないように融通《ゆうずう》がきくのだ。」と言った。

STEP 03 実戦問題

本冊112ページ

1

問1 ①納言［維時］③主上

問2 あざわらいたり・ゆえ

問3 花の名

問4 例天皇から漢字で書くように命じられたため。（20字）

問5 例漢字で書かれた花の名前の読み方。（16字）

問6 イ

問7 ア

解説◀

1

問1 ――線部❶は、直前にある「主上前栽《しゆしやうせんざい》を掘《ほ》らしむがために」に惑《まど》わされないようにする。この部分は挿入《そうにゅう》されたもので、この文の「書かれたり」という動作主は最初にある「維《これ》時中納言《ときちゅうなごん》」である。

問7 文帝《ぶんてい》も維時も周囲の人々に配慮《はいりょ》している。

口語訳

維時中納言が、初めて蔵人《くろうど》に任命されたときに、天皇が（周囲の人々に）前栽を掘らせる目的で、（維時は）花の名をお書きなさった。維時中納言が、ほとんど仮名を使ってこれを書いたとき、周囲の人々はこれをあざ笑った。後日、天皇は、維時をお呼びになってこれを御覧《ごらん》になって、漢字を用いるべきであるとおっしゃった。維時はすぐにこれを書いてさしあげるとき、周りの人々は草花の字を一つも知らず、競ってやってきて花の名を尋《たず》ねた。維時が言うことには、「このような理由で、先日は仮名を用いたのだ」と。

2

問1 すなわち

問2 後冷泉院（4字）

問3 c

問4 をのを～見せん

問5 例後冷泉院が、白いからすを深く隠して、だれにもお見せにならなかったから。（35字）

問6 ア

問7 エ

問8 例お見せになり

問9 （少将の内侍が、）例白いからすを見たいという心情を、「尾も白い」「面白い」という掛詞を使って、うまく歌によんだから。（48字）

解説◀

2

問3 「少将《せうしやう》の内侍《ないし》といふ歌よみの女房《にようばう》」とあるので、aとbは同一人物。dの「内侍」も同じ人物である。cの「君」は後冷泉院《ごれいぜいいん》のこと。古文では「君」は「あなた」という二人称《しょう》以外に天皇や主君を指す使い方が多く見られるので注意する。

問7 「たれか」の「か」で反語となっている。

問9 少将《しょうしょう》の内侍が、「尾《お》も白い」点が「面白い」と、うまく掛詞《かけことば》を使って歌を詠《よ》んだことをまとめる。

口語訳

後冷泉院がお治めになっているとき、近江国《おうみのくに》から白いカラスを（後冷泉院に）献上《けんじょう》したのを、院は奥《おく》深くに隠《かく》して、人にもお見せにならなかったので、そばに仕える女房《にょうぼう》たちが見たがったところ、「それぞれ歌を詠んで献上せよ。よく詠んだ人に見せよう。」とご命令があったので、少将の内侍という歌人の女房はすぐに（詠んだ歌）、

並ぶものがないほど尾が白くて面白い趣《おもむき》のある鳥なので、見たくはないとだれが思うでしょう、いやだれも思いません。

後冷泉院はこの上なく賞賛なさって、すぐにその鳥を取り出して、人々にお見せになり、内侍にはほうびをお与《あた》えになった。

2 漢文 漢文・漢詩を読み取る

STEP 01 要点まとめ

本冊116ページ

1 01 訓読文 02 白文 03 送り仮名 04 返り点 05 レ点 06 一・二点 07 書き下し文

2 08 唐 09 五言絶句 10 七言絶句 11 五言律詩 12 七言律詩 13 対句 14 韻

3 15 蛇足 16 矛盾 17 論語 18 儒教［儒学］ 19 仁

STEP 02 基本問題

本冊118ページ

1 **問1** 海日生ジ二残夜一
問2 イ
問3 ア

解説
1 **問1** 第六句と対句であり、構造が同じであることに着目する。「残夜」から「生」に返って読む。
問2 Aは、第一句の「青山」と対応しているので色が入った語句だと想像できる。また直前に「行舟《こうしゅう》」とあるので、「山」ではなく「水」が対応する。Bは「一帆《いっぱん》懸《か》かる」とあり、帆《ほ》は風を受けて進むことから考える。
問3 「この地」とは長江《ちょうこう》のほとりのこと。「春が旧年に入る」とは、年が改まらないうちに春になるということ。

口語訳
北固山《ほくこさん》のふもとに宿泊《しゅくはく》する
行くべき旅路は青々と木の茂《しげ》った山のさらに先で、舟《ふね》は目の前の緑の水を進む。
波は平らかで岸は果てしなく広がり、順風を受けて舟は帆を懸ける。
海上の朝日は夜が明けきらぬうちに昇《のぼ》って、長江の春は年の改まらないうちに訪《おとず》れた。
郷里宛ての書はどの辺《あ》りまで達しただろうか。北に帰る雁《がん》（に託《たく》した書）は今は洛陽《らくよう》の辺りだろうか。

2 **問1** ア
問2 おきざれば
問3 一月計在朝日
問4 イ

解説
2 **問1** 「計」という漢字には、主に「かぞえる」という意味と「くわだてる」という意味がある。この文章では「くわだてる」という意味で使われているので、**ア**の「計画」がふさわしい。
問3 白楽天《はくらくてん》の言葉が、二行ごとにひとまとまりとなって、同じ構造で、似た内容の言葉が三回繰《く》り返されていることに着目する。

口語訳
ある人が白楽天の日常生活の三つの規範《きはん》として語ったことには、
一日の計画は、一番どりの鳴くころ（早朝）にするべきだ。早朝に起きなければ、その一日は空しくなってしまう。
一か月の計画は、月の最初の日に立てるべきだ。その日に立てなければ、その一か月は空しくなってしまう。
一年の計画は、暖かな春の季節に立てるべきだ。陽気に満ちた春に畑を耕さなければ、秋の実りは空しくなってしまう。
と言ったが、本当に人というものは心に油断がおこるので、いろいろと思い悩《なや》むことや災《わざわ》いが起こるということだ。

STEP 03 実戦問題

本冊120ページ

1 **問1** うるおす
問2 ウ
問3 イ
問4 1 あへて〜死せん 2 Y 黄雀 Z 露

解説
1 **問4** 1は、冒頭の「曰はく、〜と。」に注目する。2は、（露《つゆ》）・それをねらう蟬《せみ》・それをねらう蟷螂《とうろう》・それをねらう黄雀《こうじゃく》・それをねらう弾《だん》丸《がん》（人間）という関係を正しくとらえる。それぞれが目の前の利益＝前利である。

口語訳

呉王《ごおう》は楚《そ》を討《う》とうとして、仕えている者に告げることには、「わざわざ意見する者がいたら死罪にする」と。呉王に仕える者の中に少年がいた。諫《いさ》めようとしたがしなかった。そこで弾丸をふところに入れて、はじき弓を持って裏庭で遊んだ。露が服を濡《ぬ》らした。このようにはじき弓と弾丸を持って裏庭で遊ぶことが三日間毎朝続いた。呉王が言うことには、「そなた、こちらへ来なさい。何を苦しんで服をそのように濡らしているのだ」と。（少年が）答えて言うことには、「園の中に樹《き》があって、その上に蟬がいます。蟬は高い所に居り、鳴き声をあげながら露を飲み、かまきりが後ろにいることを知らないのです。かまきりは身をかがめ足を曲げて蟬を捕《つか》まえようとして、すずめがそのそばにいるのを知らないのです。すずめは首をのばしてかまきりをついばもうとして、弾丸がその下にあるのを知らないのです。この三者はみな励《はげ》んでその目の前の利益（前利）を得ようとして、後ろに災難があるのを心配しないのです」と。呉王が言うことには「良いことを言ってくれた」と。即座《そくざ》にその出兵をとりやめた。

2

問1 絶句

問2 哭ス二 晁卿衡ヲ一

問3 押韻

問4 イ

問5 ぬってゆく

問6 例 人々のかなしみは蒼梧の地にみちわたる

問7 ウ

問8 例 Aの「月」は仲麻呂が故郷において見た月であるが、Bの「明月」はきよらかな心をもった仲麻呂をたとえている表現である、という違い。

問9 イ

2

問2 「晁卿衡」と三文字を読んでから「哭」に返るので一・二点を用いる。

問7 Aの状況《じょうきょう》を正しく理解する。「唐土《もろこし》にて月を見て」とあるので、阿倍《あべの》仲麻呂《なかまろ》がそのときいたのは唐《とう》（中国）。そこで故郷である春日《かすが》で見た月のことを思い出しているのである。

問8 Aの「月」は「三笠山《みかさやま》に出た月」を指し、Bの「明月」は比喩《ひゆ》として用いられている。比喩の対象は仲麻呂である。

問9 阿倍仲麻呂は七百年代の人で杜甫《とほ》とほぼ同年代。日本でいえば奈良《なら》時代。清少納言《せいしょうなごん》は平安《へいあん》時代、鴨長明《かものちょうめい》はさらに遅《おそ》い平安末期。司馬遷《しばせん》は紀元前の人である。

漢字のチェック①

本冊034ページ

1

(1) うなが
(2) おお
(3) しさ
(4) ただよ
(5) おちい
(6) さえぎ
(7) けいだい
(8) つの
(9) にゅうわ
(10) ひんぱん
(11) さと
(12) いど
(13) けはい
(14) すいこう
(15) ひそ
(16) すた
(17) かわせ
(18) おだ
(19) かえり
(20) つくろ

2

(1) 指摘
(2) 発揮
(3) 凝
(4) 対象
(5) 獲得
(6) 証拠
(7) 維持
(8) 紹介
(9) 犠牲
(10) 過程
(11) 余裕
(12) 不朽
(13) 微妙
(14) 錯覚
(15) 徹底
(16) 眺
(17) 矛盾
(18) 歓迎
(19) 対照
(20) 概念

漢字のチェック②

本冊060ページ

1

(1) あざ
(2) ほどこ
(3) おごそ
(4) し
(5) たずさ
(6) おもむ
(7) ていさい
(8) じょうじゅ
(9) いちじる
(10) あやつ
(11) かんわ
(12) ふんいき
(13) まぎ
(14) こば
(15) はず
(16) きんこう
(17) つちか
(18) ぎょうし
(19) にな
(20) とぼ

2

(1) 偶然
(2) 収穫
(3) 深刻
(4) 把握
(5) 極端
(6) 排除
(7) 貢献
(8) 象徴
(9) 喚起
(10) 瞬間
(11) 機会
(12) 浴
(13) 魅力
(14) 漠然
(15) 分析
(16) 環境
(17) 喪失
(18) 掲載
(19) 試行錯誤
(20) 領域

漢字のチェック③

本冊070ページ

1

(1) とどこお
(2) ひた
(3) へだ
(4) したく
(5) かか
(6) せっちゅう
(7) けんちょ
(8) たく
(9) こ
(10) かか
(11) ともな
(12) ふぜい
(13) くわだ
(14) きょうじゅ
(15) あわ
(16) えしゃく
(17) やっかい
(18) おさ
(19) もっぱ
(20) たいだ

2

(1) 循環
(2) 特徴
(3) 依然
(4) 駆使
(5) 操作
(6) 克服
(7) 意図
(8) 圧倒
(9) 慎重
(10) 妥協
(11) 機嫌
(12) 綿密
(13) 反映
(14) 奇妙
(15) 風潮
(16) 純粋
(17) 緊張
(18) 後悔
(19) 額
(20) 避

漢字のチェック④

本冊082ページ

1

(1) あお
(2) もよお
(3) いまし
(4) かたよ
(5) おこた
(6) べんぎ
(7) たずさ
(8) こうてつ
(9) ぎんみ
(10) くちょう
(11) ひろう
(12) と
(13) さまた
(14) ゆだ
(15) なめ
(16) ゆいいつ
(17) ばいかい
(18) こうむ
(19) ふきゅう
(20) けんお

2

(1) 厳密
(2) 希薄
(3) 勧誘
(4) 要請
(5) 規模
(6) 衝撃
(7) 依頼
(8) 破壊
(9) 覚悟
(10) 避難
(11) 範囲
(12) 負担
(13) 寛容
(14) 根拠
(15) 洗練
(16) 基礎
(17) 端的
(18) 生涯
(19) 倹約
(20) 構築

漢字のチェック⑤

本冊106ページ

1

(1) すみ
(2) ひた
(3) すいとう
(4) ほんやく
(5) せいじゃく
(6) ていねい
(7) りんかく
(8) せいぎょ
(9) そぼく
(10) ぼうだい
(11) つらぬ
(12) ふにん
(13) そっちょく
(14) くず
(15) きろ
(16) そち
(17) ばっさい
(18) なぐさ
(19) たくわ
(20) ほが

2

(1) 過剰
(2) 驚異
(3) 基盤
(4) 普遍
(5) 抗議
(6) 業績
(7) 継承
(8) 放棄
(9) 貴重
(10) 歓声
(11) 賢明
(12) 操縦
(13) 迷惑
(14) 詳細
(15) 辛抱
(16) 誇張
(17) 謙虚
(18) 交渉
(19) 傑作
(20) 衝突

漢字のチェック⑥

本冊124ページ

1

(1) きた
(2) けわ
(3) がんちく
(4) おんけい
(5) いとな
(6) ほうかい
(7) のうり
(8) きせい
(9) のうしゅく
(10) つい
(11) こうさく
(12) せま
(13) そうぐう
(14) とな
(15) えんかつ
(16) こくめい
(17) しょうどう
(18) へいおん
(19) かんがい
(20) なつ

2

(1) 警戒
(2) 愉快
(3) 訪
(4) 厳
(5) 大胆
(6) 由来
(7) 偏見
(8) 散策
(9) 冒頭
(10) 妨害
(11) 栽培
(12) 衰
(13) 無駄
(14) 握
(15) 起伏
(16) 冗談
(17) 占
(18) 派遣
(19) 収拾
(20) 該当

入試予想問題①

本冊126ページ

1
(1) **苦笑**
(2) **主観**
(3) **夕焼けの空**
(4) **ア**
(5) **例貴重で、愛すべきもの（10字）**
(6) **状況の美**
(7) **美意識**

解説

1
(1) ここでは「苦笑い」という意味で「クショウ」という言葉が使われているので、「苦笑」が当てはまる。

(2) 「客観」とは、物事をありのままに見ること。自分の考えや感情から独立して存在するもの。これに対する言葉は、自分の考えや感情による見方。「主観」がそれに当たる。

(3) 空欄《くうらん》の直後に注目する。「というあの現代人の美意識」とあるので、「現代人の美意識」が書かれた部分を探せばよいとわかる。「あの」とあるから空欄より前の部分から探すと、現代人の美意識について述べているのは第三段落だとわかる。第三段落のうちの日本人の美意識を表す部分に注目し、字数に合う部分を探す。

(4) ――線部❷の少し前の内容に注目する。『実体の美』は、そのもの自体が美を表《あら》わしているのだから、状況《じょうきょう》がどう変わろうと、いつでも、どこでも『美』であり得る」とあり、《ミロのヴィーナス》が「実体の美」であるがゆえに普遍《ふへん》的な美をもっているのだとわかる。「実体の美」とは、それより前の部分で筆者が「美の原理である『カノン（規準）』がそこに実現されている」ものであると述べている。《ミロのヴィーナス》という、彫刻作品そのものがまさしく『美』を表すのである。これらの内容を「理由」として表している選択《せんたく》肢を選ぶ。

(5) 「春の花見」の花、「秋の月見」の月はどのようなものであるかを考える。どちらも、いつまでもそのままの状態をとどめてくれるものではない。つまり、――線部❸の前にある「うつろいやすいもの、はかないもの」の例であることがわかる。日本人はこれらのものに「うつろいやすいものであるがゆえに、いっそう貴重で、いっそう愛すべきものという感覚」があると書かれている。

(6) ここまでに述べられてきたことが整理できていれば答えられる。ここまでに述べられてきたのは、「実体の美」と「状況の美」の対比である。ここでは日本人の愛するものが当てはまるので、「状況の美」となる。

(7) 筆者の論のテーマを問う問題。筆者は冒頭《ぼうとう》で「農学専門のある先生」の挿話《そうわ》を引き合いに出し、自分は「動物観の差異」よりも「美意識の違《ちが》い」に興味を持ったと述べている。全体を貫《つらぬ》くテーマがここで提示されているのである。

2
(1) **イ**
(2) **ア**
(3) **例最初はしっくりこなかったが、いろいろな意味が込められたいい名前かもしれないと思い始めた。（44字）**

解説

2
(1) ――線部は「～できる」という「可能」の意味。選択《せんたく》肢の**ア**、**ウ**、**エ**はすべて「受け身」。**イ**だけが「可能」の意味。

(2) 直後に風味《ふうみ》がお菓子《かし》を食べる場面があり、それぞれの文章のまとまりの最初の部分に「ぱりん。」「むにゅ。」「すくっ。」といった擬《ぎ》音《おん》語や擬態語を用いることで、味の印象を直感的にもイメージしやすく効果的に描《えが》いている。この部分に合っている選択肢を選ぶ。

(3) ――線部❷については直後に「とっぴな感じの名前」とある。――線部❸は風味が炭鉱の人たちの話を「神妙《しんみょう》」に聞き、「すんなり」受け入れていた様子や、「さんじゅうまるが転がる音が鈴《すず》のようにきこえた」の意味する心情を読み取り、風味の印象の変化について字数に合わせてまとめる。

3

(1) **a**

(2) **かたわら**

(3) **ウ**

(4) **例ある人が、記憶力がよいにもかかわらず、毎日見ているはずの自分の庭についてはよく覚えていなかったこと。（50字）**

口語訳

よく物を記憶《きおく》して忘れない者が、「昔、どこかの山に登ったが、こんな峰《みね》に松が数本あって、その中にこんなに枝が垂れているのに、ある一本だけが高くそびえたっている。そのすぐ横にまきの木の大きなものが、横向きに生え出ていて、青いつる草がかかっている様子でした」などと語ったところ、「たいへん詳細《しょうさい》に覚えていらっしゃるのですね。あなたの庭も、その山をまねておつくりになったのでしょうか。松が生えているなかにまきが見えたと思うのですが、その姿はどのようであったでしょうか」などとたずねると、「わたしの庭にもまきがあったかな。いつも見ていましたので忘れてしまった」と言った。

解説

3

(1) aの主語は「一木」、b、c、dの主語は「よく物を心にとめてわすれぬもの」である。

(2) 語頭以外の「は・ひ・ふ・へ・ほ」は「わ・い・う・え・お」と読むので、「かたはら」の「は」を「わ」に直す。

(3) 「松のあるなかにまきのみえたるが、姿はいかにありしか」という、相手のまきについての問いかけに対する受け答えなので、その問いかけに出てきた「まき」が正解。

(4) 「よく物を心にとめてわすれぬもの」と語られた記憶力のよいはずの人物が、「つね見はべればわすれたり」と言ってしまったことに注目する。身近なものについては案外よく覚えていないというところに、面白さがある。

4

例 **私の好きな言葉は「七転び八起き」です。逆境に負けずに、何度でも挑戦できる強さのある人間になりたいと思っているからです。（59字）**

解説

4 自分の好きな格言・ことわざを紹介《しょうかい》した後、その言葉の意味や好きな理由などを述べること。このどちらかだけの場合は5点減点。ここでは原稿《げんこう》用紙の書き方（最初のマスを空白にする）にはしていなくてもよい。

入試予想問題②

本冊134ページ

1
(1) a 埋　b 崩
(2) エ
(3) 合理主義（4字）
(4) A 自然と共同体　B 個人
(5) 例 私は「死生観の変化」説に説得力を感じる。
　自然と切り離された死生観を持つ人にとって、もはやキツネは単なる動物に過ぎなくなってしまうと思うからだ。（73字）

解説

1 (2) ――線部❶を含《ふく》む文に注目する。「村の教育がこのような多層的な性格をもっていた」とあるから、「このような」の指す内容をこれ以前の部分から探す。第三段落に「かつての村の教育には～」とあり、ここでは村の教育に「三つの形態」があったと述べている。したがって、ここが「多層的」の指す内容であるとわかる。

(3) ――部❷では、村人の精神世界が「進学率の向上」によって変化したと述べているので、この内容を説明している部分に注目する。二段落前に、「受験を最優先する学校に変わった」ことが「子どもたちの精神世界を変容」させたとあり、「それに伴《ともな》って親たちの精神世界も変わっていった」とあるから、「受験」がポイントになる。――線部の一段落前には、「受験教育化することによって学校教育が偏差値《へんさち》を上げるための合理主義に支配されるようになった頃《ころ》、子どもも、親も、この合理主義に価値をみいだす意識を身につけていった」とあるから、村人の精神世界は「合理主義」へと変化したのだとわかる。

(4) ――線部❸の直後には、「都市型の、個人のものになっていった」とある。では、何から「個人のもの」になっていったのかと考えると、「個人」とは対照的な意味を持ち、そこまでにくり返し出てくるキーワード、「自然」と「共同体」に着目できる。

(5) 人がキツネにだまされなくなった原因について、本文で紹介《しょうかい》されている二つの説は「進学率が高まったこと」と「死生観の変化」である。どちらかの説を選択《せんたく》して自分の考えを簡潔にまとめる。
　「原稿《げんこう》用紙の書き方にしたがい」という条件があるので、書き出しと段落を変えた最初の一マスは空ける。また、句読点は一マス使って書き入れること。ただし、ここに示した例のように行の最後に句読点やかぎかっこが来たときは、それを次の行頭に入れることはせず、最後のマスに文字と一緒《いっしょ》に入れる。そのような点も正確に書くようにしたい。

　もう一つ、「二段落に分けて書くこと」という条件が示されている。まず一段落目で、「進学率が高まったこと」と「死生観の変化」のどちらを自分は選んだかを書き、二段落目でその理由をまとめるとよいだろう。

　字数が八十字以内となっているので、簡潔にまとめることが求められるが、短すぎるのもよくない。指定された字数の八割（ここでは六十四字）は超《こ》えるようにすることをめやすとしておくとよい。

2
(1) おざなりな
(2) イ
(3) 迫力があっ
(4) ア
(5) エ
(6) 身体中を汗
(7) A 例 家族や家庭を捨て（8字）
B 顎を上げ、深く息を吸い込んだ（。）（14字）

解説

2 (1) 「いかにも」は「見るからに」という意味の副詞。見るからにどうだというのかというと、「おざなりな」様子の梱包《こんぽう》のしかただったというのである。

(2) 「目を凝《こ》らす」は一点に視線を集中している動作を表す。そこから、あちこち探していた一真《かずま》が何かを見つけたことが読み取れる。

(3) ――線部❷の後の数段落にわたって一真が

感じた絵の印象が述べられている。そのうちから、一真自身の受け止め方が表れている部分を探す。「迫力《はくりょく》」についてくり返し述べている。

(4) 一真が必死に訴《うった》えている場面で、父が沈黙《ちんもく》して息子を見つめていることから、真剣《しんけん》に対応していることがわかる。その後に、「描《か》きたいものが、あるわけか」と一真の意志を確かめていることを考え合わせて、これらの内容を含《ふく》む選択肢《せんたくし》を選ぶ。

(5) ――線部❹の前の部分で「でも、描《か》きたかった。描くことを諦《あきら》めたくはなかった。」とあり、すでに一真が強い決意を持っていることがわかる。現実の厳しさを知っているとは、まだ踏《ふ》み出してもいない立場で言うのはためらわれたが、それに立ち向かう決意については、迷いなく答えることができたのである。

(6) 指定された前半部分には、途中《とちゅう》に友人たちとの会話の場面が挟《はさ》み込《こ》まれている。その部分が本来一行空けるべき箇所《かしょ》である。場面の変わる場所を探せばよい。

(7) 二人の会話が、文章のどの部分の内容を指しているのかをとらえて考える。文章の前半から、父が祖父に対して抱《いだ》く複雑な感情に気づきたい。また、友人とのやりとりの中で決意を新たにする一真の様子を情景描写《びょうしゃ》から読み取りたい。

3

(1) あえて
(2) エ
(3) ア
(4) ウ

解説◀

3

(1) 語頭以外の「は・ひ・ふ・へ・ほ」は「わ・い・う・え・お」と読むので、「へ」を「え」に直す。

(2) 哀公《あいこう》の「黍《きび》は之《これ》を飯《くら》ふべきに非《あら》ず。以《もっ》て桃《もも》を雪《ぬぐ》ふ」という言葉から、孔子《こうし》が常識から外れた行動をとったと周囲は見ていることがわかる。

(3) 黍は「五穀《ごこく》の長」つまり穀物の最上位であり、桃は「下」であると述べられている。

(4) 孔子は「上より下を雪ふ」ことが「義を妨《さまた》ぐ」と述べている。「上」「下」の序列を誤ることで不都合が起こるという内容が述べられている選択肢《せんたくし》を探す。

口語訳

孔子は魯《ろ》の哀公の御前《ごぜん》に控《ひか》えていた。哀公は孔子に桃と黍をお与《あた》えになった。哀公が「食べよ」と勧《すす》めると、仲尼《ちゅうじ》(孔子)はまず黍を食べてその後に桃を食べた。哀公の側近たちはみんな口を手で覆《おお》って笑った。哀公が言うには、「この黍は食べるものではない。桃を拭《ふ》くためのものである」と。仲尼が答えて言うことには、「私もそれを知っています。そもそも黍は五穀の長です。先代の王を祭る時に最上のお供え物とします。果物には六種類あって、桃は下のものとします。先王を祭るのに廟《びょう》に供えることはできません。私は『立派な人物は粗末《そまつ》なもので上等なものを清めるものだ』と聞いています。上等なもので粗末なものを清めるとは聞きません。今、五穀の長で、果物の下等なものを清めています。これは上等なもので下等なものを清めているということです。私はこれは世の中の正しいあり方を損なうと考えます。ですから先代の王を祭る廟に供える黍より桃を重んじようとはしないのです。」と。

GAKKEN
PERFECT
COURSE